Ulrich Schneider

1933
Der Weg ins Dritte Reich

Analysen und Dokumente zur Errichtung der NS-Herrschaft

PapyRossa Verlag

Hinweis zur Quellenedition

Da in der Überlieferung der historischen Quellen unterschiedliche Schreibweisen existieren, wurde in dieser Ausgabe im Sinne der Einheitlichkeit und besseren Lesbarkeit die Schreibweise aller abgedruckten Quellen und Dokumente vorsichtig den derzeit gültigen Regeln der Rechtschreibung angepasst. Offenkundige Schreibfehler in Online-Editionen wurden stillschweigend korrigiert. Insbesondere die hier abgedruckten Texte aus dem Reichsgesetzblatt sind im Internet auch in der Originalschreibweise als PDF-Dokument oder in anderen Dateiformaten zu finden.

Luxemburger Str. 202, 50937 Köln

Tel.: +49 (0) 221 – 44 85 45

Fax: +49 (0) 221 – 44 43 05

E-Mail: mail@papyrossa.de

Internet: www.papyrossa.de

Umschlag: Verlag, unter Verwendung einer Abbildung aus der Sammlung: Bundesarchiv 146-1972-026-11, Foto: R. Sennecke, aus: Wikimedia Commons [CC-BY-SA 3.0 DE]

Druck: Interpress

Die Deutsche Nationalbibliothek verzeichnet diese Publikation in der Deutschen Nationalbibliografie; detaillierte bibliografische Daten sind im Internet über http://dnb.d-nb.de abrufbar

ISBN 978-3-89438-794-5

Inhalt

Vorbemerkung

Bis heute ist das historische Datum des 30. Januar 1933 Ausgangspunkt eines geschichtspolitischen Streits in unserem Land. Seit 1996 hat sich die offizielle »Erinnerungskultur« in Deutschland auf den 27. Januar als nationalen Gedenktag fokussiert. Wer an den 27. Januar 1945 denkt, der blickt auf die Geschichte des NS-Regimes von seinem Ende her, den Schrecken des Krieges, der Massenvernichtung in den Konzentrations- und Vernichtungslagern, aber auch der Befreiung – am 27. Januar durch die sowjetische Armee in Auschwitz und am 8. Mai 1945 durch die Streitkräfte der Anti-Hitler-Koalition in ganz Deutschland.

So kann kein Zweifel bleiben, dass diese Herrschaft der NSDAP menschenverachtend, verbrecherisch und zerstörerisch nicht allein in Deutschland, sondern in ganz Europa und darüber hinaus gewirkt hat.

Gleichzeitig erfordern es aber diese Gedenktage des Jahres 1945 auch, die Voraussetzungen der faschistischen Herrschaft und den Weg zu ihrer Errichtung und damit den 30. Januar 1933 mitzudenken. Ursachen und Ursprung des NS-Regimes müssen Bestandteile jeder Erinnerungsarbeit sein, wenn es nicht bei einem Trauern um die Opfer ohne Konsequenzen bleiben soll. Damit verbindet sich die Erinnerung an die Opfer mit der Tatsache, dass zu Opfern immer auch Täter gehören. Das heißt: Es kommt darauf an, auch Verantwortliche und Nutznießer der Errichtung der faschistischen Herrschaft und der Entfesselung des Krieges zu benennen. Diese Herausforderung ist auch heute noch nicht beendet, wenn politische Konsequenzen für die Gegenwart gezogen werden sollen.

Da mit zunehmendem zeitlichem Abstand grundlegende historische Erkenntnisse verschüttet zu werden drohen, ist es sinnvoll, in komprimierter Form die gesellschaftlichen Interessen und Konstellationen auf dem Weg zum 30. Januar 1933 nachzuzeichnen. Das vorliegende Buch zeigt – auf Basis ausgewählter historischer Quellen und Dokumente –, wie die Errichtung der NS-Diktatur mit zunehmender Übereinstimmung aus den Eliten von Wirtschaft, Politik und Militär systematisch vorbereitet und realisiert wurde. Es belegt, wie Widerstand besonders aus der Arbeiterbewegung niedergeschlagen und innerhalb weniger Wochen ein terroristisches Herrschaftssystem errichtet wurde, wie gesellschaftliche und ideologische Gleichschaltung, politische Verfolgung und rassistische Ausgrenzung funktionierten – und wie von Anfang an auf einen neuen Krieg hingearbeitet wurde.

Kapitel 1

Warum und woran ist die Weimarer Republik gescheitert?

Wer sich die umfangreichen Darstellungen zum Ende der Weimarer Republik anschaut, stößt auf höchst kontroverse Erklärungen für den 30. Januar 1933. Eine »Standard-Antwort« findet man unter der Überschrift »Wirtschaftskrise«. Unstrittig war die ökonomische Krise, verbunden mit der Weltwirtschaftskrise seit Ende der 1920er Jahre, eine zentrale Voraussetzung für die Destabilisierung der Weimarer Republik. Die Krise der kapitalistischen Wirtschaft mit Kurseinbrüchen an der Börse, Firmenpleiten und Massenarbeitslosigkeit führte zu sozialer Verelendung und wachsenden gesellschaftlichen Spannungen, aber ursächlich für den politischen Zusammenbruch und die Ernennung Adolf Hitlers zum Reichskanzler war sie per se nicht. Sie zeigte vielmehr, dass ein auf dem Profitprinzip beruhendes Wirtschaftssystem den Bedürfnissen der Mehrheit der Bevölkerung in keiner Weise gerecht wurde. In der Arbeiterbewegung verstärkte sich daraufhin die Suche nach gesellschaftlichen Alternativen. Weil damit die revolutionären Kräfte, vorrangig in Gestalt der KPD, aber auch verschiedene sozialistische Gruppierungen, erstarkten, waren die herrschenden Eliten besorgt über eine mögliche politische Linksentwicklung. Sie zogen daraus die Konsequenz, einen autoritären Ausweg aus der Krise zu suchen. Die Wirtschaftskrise liefert damit indirekt durchaus eine Erklärung für den Weg in den Faschismus, nur ist die Begründung deutlich anders als in den vorherrschenden Geschichtsdeutungen.

Eine weitere Ursache für das Scheitern der Weimarer Republik wird darin gesehen, dass es bei den Eliten und in der Bevölkerung zu wenig Unterstützung für die demokratischen Prinzipien gegeben habe. Weimar sei eine »Republik ohne Republikaner« gewesen. In der Tat war die politische Verankerung der parlamentarischen Demokratie in den – im deutschen Kaiserreich sozialisierten – herrschenden Kreisen wenig ausgeprägt. Das hing ursächlich zusammen mit der Genese der Weimarer Republik als eines revolutionären Akts gegen die Eliten des Kaiserreiches. Die sozialdemokratischen und bürgerlichen Kräfte, denen in Folge der niedergeworfenen Novemberrevolution die politische Macht zufiel, verstanden sich nicht als bewusste gesellschaftsgestaltende Akteure, sondern blieben mit den alten Strukturen eng verbunden. Sie ließen es zu bzw. beförderten es teilweise sogar, dass die alten Eliten, die mit den republikanischen und demokratischen Grundlagen nicht das Geringste verband, in ihren Machtpositionen in Militär, Wirtschaft und staatlichen Institutionen verbleiben und diese Schritt um Schritt wieder festigen konnten. Damit »verschwanden« nicht die Republikaner, sondern es wurde der Machtzuwachs der republikfeindlichen Kräfte zugelassen.

Im Sinne einer reaktivierten Totalitarismus-Doktrin findet man in den letzten Jahren in der medialen Aufarbeitung wieder zunehmend die Behauptung, die Weimarer Republik sei von den »Extremisten von rechts und links« zerstört worden. Diese Totalitarismus-These orientiert sich an äußerlichen Erscheinungsformen des Auftretens der politischen Gruppen und Kräfte, ohne jedoch auf deren Inhalte einzugehen. Angeführt werden gewalttätige Auseinandersetzungen, die seit dem Erstarken der NSDAP und ihrer Straßen- und Saalschlacht-Truppe SA den politischen Alltag kennzeichneten, so als seien die Aggressionen gleichermaßen zwischen den beteiligten Gruppen verteilt gewesen. Zu welchen absurden Verrenkungen diese These führt, zeigt sich an folgendem Beispiel: Wenn ein SA-Trupp eine Versammlung der sozialdemokratischen »Eisernen Front« überfällt, ist das ein Angriff auf Demokraten, wenn die gleiche SA-Einheit anschließend ein Treffen der KPD angreift, wäre das ein »Streit unter Extremisten«.

Als Beleg werden auch Abstimmungen im Reichstag über Misstrauensvoten gegen die Regierungen angeführt, so als habe es bis dahin funktionierende parlamentarische Mehrheitsverhältnisse und Kontrollen gegeben, die durch »die Extremisten von rechts und links« außer Kraft gesetzt worden seien. Der wohl bekannteste »Beleg« für diese These ist der Verweis auf den Berliner Verkehrsarbeiterstreik *(Dokument 17)*, der als »gemeinsame Kampfaktion von RGO (Revolutionäre Gewerkschaftsopposition der KPD) und NSBO (Nationalsozialistischer Betriebszellenorganisation der NSDAP) gegen Weimar« deklariert wird. Abgesehen davon, dass dieser Kampf gegen Lohn- und Sozialabbau geführt wurde, nicht gegen die Weimarer Republik, ist durch verschiedene vertiefende Forschungen bekannt, dass sich die NSBO gezwungen sah, sich der Bewegung der Beschäftigten anzuschließen, um sich in Berlin nicht politisch zu isolieren. Auch ist das politische Resultat des Streiks bekannt, dass nämlich einerseits ein – wenn auch bescheidener – sozialpolitischer Erfolg erzielt, zum anderen der politische Einfluss der NSDAP bei der Reichstagswahl wenige Tage später erkennbar zurückgedrängt werden konnte.

Die Totalitarismus-These blendet einerseits diejenigen Kräfte aus, die aus politischen und ökonomischen Interessen kein Interesse an der Aufrechterhaltung der Weimarer Demokratie hatten, und denunziert jene, die sich konsequent dem Vormarsch der NSDAP widersetzten, als andere Parteien und gesellschaftliche Gruppen eine legalistische oder abwartende Haltung einnahmen.

Vielfach findet sich als Begründung für die Machtübertragung an Hitler und die NSDAP auch die Behauptung, Reichspräsident Paul von Hindenburg sei ein »seniler Greis« gewesen, der die politische Dimension seiner Entscheidung nicht mehr überblickt habe. Außerdem habe er schlechte Berater gehabt. Eine solche Behauptung ignoriert, dass Hindenburg – 1932 mit Unterstützung der SPD als »kleineres Übel« gegen Hitler wiedergewählt – niemals Anhänger der Republik war. Sein Denken war geprägt durch den Mythos der »Dolchstoß-Legende«, von autoritären Staatsmodellen und der Sorge, dass seine persönliche Bereicherung durch die »Osthilfe« für die Rittergutsbesitzer durch eine parlamentarische Kontrolle ruchbar werden könnte. Ihm war die Republik so wenig wert, dass er bereit war, sie seinen persönlichen Interessen zu opfern. Hindenburg war damit nur ein typischer Repräsentant der ganz besonders reaktionären großgrundbesitzenden junkerlichen Kräfte, die auch in der Republik ihre Macht und ihren Einfluss bewahrt hatten und als Zielvorstellung die Errichtung einer autoritären Herrschaft sahen. Nicht zufällig hatte Hindenburg ab 1930 zunehmend das Mittel der Notverordnungen zur Ausschaltung des Parlaments und der parlamentarischen Kontrolle der wechselnden Reichsregierungen extensiv eingesetzt.

Eher dem Bereich der Psychologie zuzuordnen ist die These, Hitler habe mit schier unbändigem Führerwillen die Macht an sich gerissen. Unterstützung erfährt dies durch neuere Veröffentlichungen, die sich mit der Frühzeit und Psyche Adolf Hitlers beschäftigten. So anregend manche dieser Untersuchungen auch sein mögen, solche Thesen gehen von der idealistischen Vorstellung aus, ein Einzelner könne – wenn er es denn nur intensiv genug wolle – irgendwelche Machtpositionen erreichen, ohne über Rückhalt in Politik und Gesellschaft zu verfügen. Solche Thesen entsprechen den »Idealvorstellungen« von Anhängern der »Konservativen Revolution« der Weimarer Zeit, die demokratische Prinzipien ablehnten und auf die Elite-Konzeption einer »Herrschaft der Besten« setzten. Der »Führer«-Anspruch Hitlers bedeutete in dieser Perspektive die Vollendung des »Elite-Konzepts«. Damit zielt auch dieser Erklärungsansatz auf eine Entlastung der politischen und wirtschaftlichen Eliten der Weimarer Republik, die später für sich in Anspruch nahmen, dass sie sich diesem »Führerwillen« nicht hätten entziehen können. Ideologisch gesehen, stützt eine solche Behauptung die These »Allein Hitler war schuld«, die nach 1945 oftmals als Entlastung für das eigene Verhalten und Handeln herhalten musste.

Eine ernsthafte Aufarbeitung des Scheiterns der Weimarer Republik kommt an der Frage nicht vorbei, wie eigentlich die gesellschaftsprägenden Kräfte zur Weimarer Demokratie standen. Wenn man nicht behaupten will, dass »Hitler ein Betriebsunfall der Geschichte« gewesen oder der 30. Januar »schicksalhaft« über unser Land gekommen sei, muss man sich mit den gesellschaftlichen Kräften beschäftigen, die ein Interesse an der Errichtung und dauerhaften Festigung der faschistischen Herrschaft hatten. Der Begriff des Interesses bedeutet dabei nicht, dass jedes einzelne Mitglied einer Gruppe deren Gesamtinteresse ungebrochen vertreten musste, es geht vielmehr um die in der betreffenden Gruppe vorherrschende Tendenz, die insbesondere von den in ihr hegemonialen Kräften vertreten wird.

Unter dieser Einschränkung ist es unstrittig, dass eine zentrale Gruppe mit großem gesellschaftlichen Einfluss und großer Offenheit gegenüber allen Rechtskräften und damit trotz anfänglicher Reserviertheit auch gegenüber der NSDAP die Reichswehr war. Obwohl auf die Weimarer Verfassung vereidigt, hatte ihre Spitze, die komplett aus den führenden Militärs des Kaiserreichs stammte und im Truppenamt ihre Schaltstelle besaß, schon Mitte der 1920er Jahre mit einer Strategieplanung begonnen, die auf eine kriegerische Revision des Versailler Vertrags mit seinen Beschränkungen und Gebietsverlusten abzielte. *(Dokument 64)*

Hatte schon zu Zeiten des Kapp-Putsches 1920 und des Hitler-Ludendorff-Putsches 1923 die Reichswehrführung mit den antirepublikanischen Kräften teils sympathisiert, teils sogar kooperiert, so entwickelte das Militär in den folgenden Jahren ein Eigenleben, das ihm einerseits Handlungsspielraum gegenüber der jeweiligen Reichsregierung und andererseits enge Beziehungen zu – nicht an der Regierung beteiligten – Rechtskräften ermöglichte. Dabei suchte sich die Reichswehrführung Unterstützer für ihre militärpolitischen Optionen. So lange sie aus der Regierung kamen, war das gerne akzeptiert, als diese Unterstützung aber als nicht mehr ausreichend genug erschien, suchte man weitere Verbündete unter den Rechtskräften. Manche Historiker glauben, der Reichswehr ein republiktreues Verhalten unterstellen zu können, da die Führung mit der jeweiligen Reichsregierung partiell kooperierte. Doch diese »Republiktreue« fand dort ihre Grenze, wo Reichswehransprüche zu wenig berücksichtigt schienen. Dieses Prinzip galt auch gegenüber der faschistischen Bewegung. Man grenzte sich dort ab, wo Erwartungen von SA und der Gebrüder Strasser gegen die traditionellen Strukturen der Reichswehr formuliert wurden (»SA als neues Volksheer«, Kritik an der »reaktionären Haltung« der Reichswehr-Führung, die eine Adelstruppe sei etc.). Man kooperierte aber dann, wenn die eigenen langfristigen strategischen Optionen unterstützt wurden, wie von der »Harzburger Front« und von Hitler bei seinem Treffen mit der Reichswehrführung am 3. Februar 1933.

Ähnlich zwiespältig verhielten sich zunächst führende Vertreter von Großbanken, chemischer und Elektroindustrie. Frühzeitig Nähe zur NSDAP zeigte dagegen die Schwerindustrie (Eisen- und Stahlindustrie), die sich unmittelbar aus einer zu erwartenden Rüstungskonjunktur Vorteil versprach (vgl. Fritz Thyssen: I paid Hitler). Wie jedoch der Auftritt Hitlers vor dem Düsseldorfer Industrie-Club im Januar 1932 belegt, waren auch andere Wirtschaftsgrößen frühzeitig bereit, der Zielvorstellung der NSDAP zu folgen. Die wirtschaftspolitische Orientierung und Labilität der politischen Verhältnisse der Weimarer Republik brachte den Unternehmern zwar nur wenige regulierende Staatseingriffe, ihnen fehlten jedoch staatsinterventionistische Stützungsmaßnahmen, wie beispielsweise die Übernahme von Entwicklungskosten oder die Risikoabsicherung von Investitionen durch Staatsbürgschaften. Auch waren die Gewerkschaften trotz ihrer Schwächung durch die verheerende Wirtschaftskrise immer noch einflussreich genug, um weitergehende Ziele, wie noch schärferen Lohnabbau und Zerschlagung der sozialen Sicherungssysteme, zu behindern. Die Beziehungsnähe zur NSDAP wurde auch dadurch verstärkt, dass sich – trotz aller pseudoradikalen Rhetorik – die SA und andere NS-Organisationen in betrieblichen Kämpfen und sozialen Auseinandersetzungen als willfährige Werkzeuge für die Durchsetzung von Unternehmensinteressen erwiesen. All das ist umfangreich von der Faschismusforschung in der DDR aufgearbeitet worden. Dazu sei stellvertretend nur auf Autoren wie Eberhard Czichon, Dietrich Eichholtz, Kurt Gossweiler, Kurt Pätzold, Manfred Weißbecker u. a. verwiesen. Deren Forschungen und Veröffentlichungen werden heute ohne ernsthafte Auseinandersetzung weitgehend stigmatisiert oder gleich ganz übergangen. Mit der Ausgrenzung der Autoren geht auch die Eliminierung ihrer Inhalte einher.

Andere gesellschaftliche Organisationen, unter ihnen große Teile vor allem der evangelischen Kirche, unterstützten die faschistischen Kräfte ebenfalls. Zwar gab man sich offiziell distanziert, gleichzeitig waren jedoch viele Pfarrer und Kirchenoffizielle beeindruckt durch die »neue gesellschaftliche Bewegung«, in der sie »viel religiöses Wollen« glaubten feststellen zu können und durch die sie eine Zurückdrängung des »gottlosen Bolschewismus« erhofften. Auch im konservativ und deutsch-national dominierten und antisemitisch ausgerichteten akademischen Milieu fand die faschistische Bewegung zahlreiche Mitstreiter. Zwar waren es oft weniger die akademischen Lehrer selber als vielmehr die Studierenden und der akademische Mittelbau, die die NSDAP und ihre Untergliederungen unterstützten, jedoch waren damit die Universitäten eine der wichtigsten Institutionen, die der Durchsetzung der faschistischen Bewegung Vorschub leisteten.

Ebenfalls eine verhängnisvolle Rolle spielte die Justiz, die nach der Novemberrevolution weitgehend unverändert gelassen wurde. Staatsanwälte und Richter blieben im Amt, personelle Kontinuitäten im Reichsjustizministerium sorgten dafür, dass der reaktionäre Geist vor allem am Reichsgericht erhalten blieb. Die politische Justiz der Weimarer Republik war gekennzeichnet von harten Gerichtsurteilen gegen links und meist lächerlich geringen Strafen gegen rechts. Während SA-Schläger mit Milde behandelt wurden oder, wenn sie verurteilt wurden, mit Begnadigungen rechnen konnten, wurden Anhänger der Arbeiterparteien oftmals mit drakonischen

Strafen belegt. Skandalös war der Prozess gegen den Herausgeber der *Weltbühne* Carl von Ossietzky 1931 wegen der Veröffentlichung von Verstößen der Reichswehr gegen den Versailler Vertrag. Ossietzky wurde wegen »Verrats militärischer Geheimnisse« zu einer Gefängnisstrafe von achtzehn Monaten verurteilt.

Karl Dietrich Bracher sah daher in dieser Justiz eine der Ursachen für das politische Scheitern der Weimarer Republik. In aktuellen geschichtspolitischen Debatten werden diese Zusammenhänge vernachlässigt oder ganz ausgeklammert.

Die gleiche »Abstinenz« legt die vorherrschende Geschichtsbetrachtung den gesellschaftlichen Gruppen und Personen gegenüber an den Tag, die sich dem Vormarsch der faschistischen Bewegung widersetzt haben. Wenn von solchen Kräften überhaupt die Rede ist, dann geht es meist um einzelne »kritische Stimmen« aus dem bürgerlichen Lager, vielleicht noch um einzelne Sozialdemokraten, wie Wilhelm Hoegner, den ehemaligen Bayerischen Ministerpräsidenten nach 1945 (vgl. seine Erinnerungen »Flucht vor Hitler«), die »liberale« *Frankfurter Zeitung*, Stellungnahmen von Politikern der DDP bzw. Staatspartei. Der tatsächlich geleistete Widerstand aus der Arbeiterbewegung in seiner ganzen Breite, also gerade auch ihrer kommunistischen Richtung, wird – wenn nicht vollständig ignoriert – mittlerweile meist wieder unter dem Schlagwort vom »Streit der Extreme von Rechts und Links« subsummiert. In den 1980er Jahren war es insbesondere dem Einsatz von Zeitzeugen aus dem antifaschistischen Widerstand mit eigenen Berichten gelungen, eine realistischere Sichtweise in der populärgeschichtlichen Darstellung zu erreichen. Inzwischen ist diese Perspektive weitgehend wieder verdrängt.

Dabei lässt sich unschwer belegen, dass sich Tausende Arbeiter und Angestellte, Mitglieder der Gewerkschaften und der Arbeiterparteien in Massendemonstrationen, öffentlichen Protesten und Abwehrkämpfen, oft auch in militanter Gegenwehr, gegen die NSDAP mit ihren Unterorganisationen gestellt haben. Und ihre Aktionen fanden nicht erst in den letzten Monaten der Weimarer Republik statt, sondern begannen lange vor dem Aufstieg der NSDAP seit dem Jahr 1930. Gegen den Straßenterror der SA wurden zum Schutz linker Kundgebungen, Parteibüros, Versammlungslokalen und von Arbeiterwohnvierteln vielfältige Formen des »roten Massenselbstschutzes« organisiert, Aktionen vor den Stempelstellen trugen dazu bei, Erwerbslose gegen faschistische Propaganda zu immunisieren, Großdemonstrationen richteten sich gegen den Vormarsch des Faschismus.

Die Verschiebung der öffentlichen Perspektive auf den 30. Januar 1933 zeigt sich auch in den Begrifflichkeiten, mit denen dieses Datum benannt wird. Dabei handelt es sich nicht um ein sprachliches Problem, sondern um die mit dem jeweiligen Begriff einhergehende geschichtspolitische Interpretation. Bezeichnenderweise findet sich in der medialen Darstellung nur selten der Begriff »Ernennung Hitlers zum Reichskanzler«, obwohl damit dieses Ereignis präzise benannt wird. In zahlreichen Darstellungen wird wieder von »Machtübernahme« oder »Machtergreifung« gesprochen, als habe das Kabinett Hitler-Hugenberg-Papen in einem revolutionären Akt die Regierungsgewalt erobert. Dass mit dieser neuen Regierung die terroristische Ausschaltung ihrer Gegner eingeleitet und der Weimarer Demokratie der Todesstoß versetzt wurde, zeigt die Dokumentensammlung in diesem Band anschaulich. Gleichzeitig geht es darum, die Ernennung Hitlers als das zu benennen, was sie faktisch war, eine »Machtübertragung« an die faschistische Bewegung, eine Machteinsetzung ohne Parlamentsvotum und ohne Mehrheit im Reichstag, die aber unter Missbrauch der Notstandsregeln der Weimarer Verfassung vollzogen wurde, wie er auch schon bei der Einsetzung der vorausgegangenen Präsidialkabinette samt ihrer Notverordnungspraxis praktiziert wurde.

Von daher verbieten sich Begriffe wie »nationale Revolution« oder »nationale Erhebung«, die alle aus der faschistischen Selbstbeschreibung stammen und unterstellen, die Regierung Hitler-Hugenberg-Papen sei durch eine »völkische Bewegung« an die Macht gebracht worden. Gleichzeitig vermitteln diese Begriffe den

Eindruck eines unabhängigen Handelns der faschistischen Akteure in Gegnerschaft zu den Weimarer Eliten. Dass infolge der Machtübertragung tatsächlich auch die Grundlagen der Weimarer Demokratie zerstört wurden, ist unstrittig. Aber es hat mit der faschistischen Herrschaft keinen »revolutionären Bruch« in dem Sinne gegeben, dass die ökonomischen Grundlagen der Gesellschaft verändert worden wären, allein die Herrschaftsform wurde vollkommen neu gestaltet.

Eine wichtige geschichtspolitische Frage lautet, wie sich die Etablierung des faschistischen Regimes vollzog. Augenfällig ist, dass die Aufhebung der bürgerlichen Freiheiten und demokratischen Rechte und die auf dieser Grundlage durchgeführte Festigung der faschistischen Regierungsgewalt nicht heimlich, sondern vor aller Augen vollzogen wurden. Dabei war die terroristische Form das erste Element der Machtsicherung. Schon in der Weimarer Zeit waren der Straßenterror der SA, die martialischen Aufmärsche, die Gewalttaten und sogar Morde nahezu alltäglich geworden. Es waren also keine neuen Nachrichten, als ab Februar 1933 die Medien von Versammlungsverboten und vom Terror gegen politisch Andersdenkende, gegen die Organisationen der Arbeiterbewegung oder gegen linke Intellektuelle berichteten. Massenverhaftungen wurden als »Erfolgsmeldungen« in den Zeitungen abgefeiert, selbst die Existenz von Konzentrationslagern wurde der Öffentlichkeit mit Bildern präsentiert.

Auch antisemitische Übergriffe der faschistischen Bewegung hatte es schon in der Weimarer Zeit in zunehmenden Maße gegeben, selbst wenn sie oftmals verdrängt wurden. Und so konnten die öffentliche Stigmatisierung und Ausgrenzung jüdischer Menschen und die Gewalt gegen ihre Einrichtungen und Geschäfte am 1. April 1933, dem »Boykottaktionstag«, »vor aller Augen« umgesetzt werden. Auch hier unterstützte die mediale Inszenierung die politische Wirkung.

Zweitens sicherte die Regierung Hitler ihre Macht unter Ausnutzung der juristischen Instrumente der Weimarer Verfassung.

Sie nutzte die in ihr vorgesehenen Ausnahmeregelungen zu Notverordnungen, die eigentlich als bloße Interims-Regelungen gedacht waren, mithilfe des Reichspräsidenten Hindenburg extensiv dazu, die Grund- und Freiheitsrechte grundsätzlich aufzuheben, die parlamentarische Kontrolle der Regierung auszuhebeln oder Zwangsmaßnahmen in Form von Verwaltungsregelungen einen scheinbar legalen Anstrich zu geben. Schon in den ersten Monaten wurden hunderte Gesetze und Verwaltungsvorschriften herausgegeben, die die Gesellschaft umgestalten sollten. Ziel dieser Gesetzesflut war es, einerseits den gesamten Beamten- und Verwaltungsapparat auszurichten auf die Durchsetzung der faschistischen Zielvorgaben und andererseits ein Instrument zu schaffen, mögliche Gegner juristisch »korrekt« mit den Mitteln des Strafrechts verfolgen und verurteilen zu können. Man baute auf diese Weise die Justiz als effektives Werkzeug der Machtsicherung aus.

Und es gab eine dritte – indirekte – Form der Machtsicherung. Sie bestand darin, durch die »Gleichschaltung« der Gesellschaft und eine beginnende Privilegierung der »arischen Volksgenossen« eine Integration der Mehrheitsgesellschaft in das Projekt des »Dritten Reichs« zu vollziehen. Dies war auch mit einer Form von »Belohnungssystem« verbunden. Diese »Volksgemeinschaft« war jedoch in jeder Hinsicht von den Vorgaben und der Befehlsgewalt der faschistischen Elite und der Mächtigen in Wirtschaft und Militär abhängig. Die Durchsetzung der faschistischen Zielsetzungen wurde über das »Führerprinzip« gewährleistet, das keine Partizipation, sondern allein eine Unterordnung der »Gefolgschaft« kannte.

Thesen heutiger Historiker, die – mit Blick auf das von der faschistischen Propaganda vorgegaukelte Idealbild der »Volksgemeinschaft« – von einer »Gefälligkeitsdiktatur« sprechen, die die Interessen der »Volksgenossen« bediente und sich deren Zustimmung später durch die Mittel aus dem Raubkrieg sicherte, oder gar von einer als rassistisch zu qualifizierenden »Volksdiktatur«, gehen an dieser Realität vorbei. Die Zustimmung einer Mehrheit der Bevölkerung wurde in den ersten Wochen durch Terror, kombiniert mit allgegenwärtiger Propaganda und Machtdemonstration, durchgesetzt. Die innere Stabilität des »Dritten Reichs« wurde begründet durch Gewalt und Repression, die legalistische Einbindung des Verwaltungsapparates, der »nur seine Pflicht« tat, und sodann auch durch ein ausgetüfteltes Belohnungssystem für das gewünschte Wohlverhalten. Im Verlauf des Krieges kam durch die zahllosen Kriegsverbrechen, die durchaus im Alltagsbewusstsein der Menschen präsent waren, noch der Zwang einer Tätergemeinschaft hinzu, der eine Ablösung von der NS-Herrschaft zusätzlich erschwerte.

Wenn gefragt wird, welche politischen Konsequenzen aus den Erfahrungen der Jahre 1932/33 zu ziehen sind, dann lohnt ein Blick auf die Programme und Erklärungen der antifaschistischen Parteien, Gewerkschaften und anderen gesellschaftlichen Organisationen in den unmittelbaren Nachkriegsjahren. Hier wurden zur Umsetzung der Losung: »Nie wieder Faschismus! Nie wieder Krieg!« politische, ökonomische und soziale Alternativen für den gesellschaftlichen Neubeginn formuliert, die eine Wiederholung des verhängnisvollen Weges der Weimarer Republik verhindern sollten. Bereits in den politisch-programmatischen Erklärungen der überlebenden Häftlinge des KZ Buchenwald aus dem Jahre 1945 wurden diese Fragen beantwortet, so in der Entschließung des Buchenwalder Volksfrontkomitees vom 19. April 1945, im Manifest der demokratischen Sozialisten und im »Schwur von Buchenwald«, den die Häftlinge bei ihrem Freiheitsappell am 19. April 1945 leisteten.

Die demokratischen Sozialisten und Sozialdemokraten untergliederten ihren Forderungskatalog in »Vernichtung des Nazismus«, »Aufbau einer Volksrepublik«, »Befreiung der Arbeit«, »Sozialisierung der Wirtschaft«, »Friede und Recht«, »Humanität« und »sozialistische Einheit«. Sie wussten, dass eine Wiederholung der faschistischen Gefahr nur bei grundlegenden gesellschaftlichen Veränderungen möglich sein würde. Und im »Schwur von Buchenwald« erklärten die Überlebenden, sie stellten ihren Kampf erst ein, wenn auch der letzte Schuldige vor den Richtern der Völker gebracht sei. »Die Vernichtung des Nazismus mit seinen Wurzeln ist unsere

Losung. Der Aufbau einer neuen Welt des Friedens und der Freiheit ist unser Ziel.« Diese Vision war und ist als politisches Vermächtnis auch 90 Jahre nach der Errichtung der faschistischen Herrschaft in Deutschland bleibende antifaschistische Verpflichtung.

Die Erfahrungen der Weimarer Republik haben zudem deutlich gemacht, dass nur eine ihrer Interessenlage bewusste Bewegung der Lohnabhängigen im Bündnis mit allen demokratischen Kräften, also ein breites antifaschistisches Bündnis in der Lage ist, nicht nur vorbeugenden Widerstand zu leisten und verhängnisvolle Entwicklungen für die Gesellschaft zu verhindern, sondern auch die gesellschaftliche Kraft zu entfalten, alternative politische Visionen umzusetzen. Die Erinnerung an den 30. Januar 1933 kann damit ein wichtiger Impuls für die Entwicklung von antifaschistischen Bündnissen heute sein.

Kapitel 2

Die Krise der Weimarer Republik

Betrachtet man die Geschichte der Weimarer Republik, der ersten Demokratie in Deutschland, wie sie oft genannt wird, kann man überrascht feststellen, dass von den knapp 13 Jahren ihrer Existenz in gut der Hälfte politisch instabile und durch innenpolitische Auseinandersetzungen bzw. ökonomische Krisen geprägte Verhältnisse herrschten. Als sichtbarste Daten sind dabei der Kapp-Putsch vom März 1920, der Ruhrkampf, die Hyperinflation und der Hitler-Ludendorff-Putsch im Jahr 1923 sowie der »Schwarze Freitag« von 1929, der ein Ende der Stabilisierungsphase der deutschen Wirtschaft einläutete, zu nennen. Eine einigermaßen stabile wirtschaftliche und politische Situation gab es nur für etwa sechs Jahre, heute oft euphemistisch verklärt als die »Goldenen Zwanziger« mit blühender Kultur in den städtischen Metropolen und einer geringeren Arbeitslosigkeit.

Nach dem blutigen Terror der Freikorps und extrem rechter Geheimbünde, bei dem Politiker wie Philipp Scheidemann oder der Journalist Maximilian Harden angegriffen, die Minister Matthias Erzberger und Walther Rathenau ermordet wurden, gab es gegen Mitte der 1920er Jahre eine gewisse politische Beruhigung. Jedoch waren die Verhältnisse im Reichstag so, dass die anfängliche »Weimarer Koalition« aus SPD, Zentrum und Deutscher Demokratischer Partei (DDP), die 1919 die Verfassung durchgesetzt hatte, nie wieder eine parlamentarische Mehrheit erreichte.

Es gab einen starken Rechtsblock, dessen Hauptparteien die

monarchistische Deutschnationale Volkspartei (DNVP) und die wirtschaftsliberale Deutsche Volkspartei (DVP) bildeten, in deren Umfeld sich noch verschiedene extreme Rechtsparteien tummelten, darunter auch die 1924 wiedergegründete NSDAP. Zusammengenommen erreichten die Rechtsparteien bei den Reichstagswahlen von 1928, den letzten vor Beginn der Weltwirtschaftskrise, knapp 29 Prozent der Wählerstimmen.

Außerdem gab es ein liberal-bürgerliches Lager, das sich aus verschiedenen Klientelparteien zusammensetzte und nie als geschlossener Block in Erscheinung trat. Das linke Lager bildeten neben verschiedenen Kleinparteien SPD und KPD. Sie konnten bei den Reichstagswahlen von 1928 rund 40 Prozent der Wählerstimmen auf sich vereinen. Doch brachten sie dieses Gewicht aufgrund der ideologischen Konflikte zwischen den politischen Richtungen selbst angesichts der zunehmenden faschistischen Gefahr nicht gemeinsam zur Geltung.

Eine wichtige Rolle spielten auch die katholisch-konfessionellen Parteien das Zentrum und sein Ableger, die Bayrische Volkspartei (BVP), die während der gesamten Zeit der Weimarer Republik über ein annähernd stabiles Wählerpotenzial verfügten. 1928 belief es sich auf rund 15 Prozent der Wählerstimmen.

In vielen populären Darstellungen wird als eine Ursache für das Scheitern der Weimarer Republik die Zersplitterung der Parteienlandschaft genannt. Doch diese Behauptung ist weder zutreffend noch eine sinnvolle Erklärung für die Schwäche der Demokratie. Ursächlich für diese Schwäche war nicht die Parteienvielfalt, denn bei allen Wahlen besaßen sechs bzw. sieben Parteien mindestens 90 % der Mandate, sondern die Heterogenität der Parteienlandschaft, die blockübergreifende Koalitionen ganz selten ermöglichte und selbst innerhalb der Blöcke die Zusammenarbeit im parlamentarischen Rahmen erschwerte. Damit stützten sich die meisten Regierungen seit 1924 nicht auf stabile Koalitionen, sondern auf Zweckbündnisse, die oftmals auf die Erreichung von Klienteltinteressen zielten.

Die politische Instabilität der Machtverhältnisse zeigte sich darin, dass in den ersten elf Jahren der Republik sechzehn verschiedene Kabinette die Regierung bildeten.

Die wirtschaftliche Situation der Weimarer Republik war wesentlich mitgeprägt durch die Reparationsleistungen aus dem Versailler Vertrag. Erst im Frühjahr 1929 war es mit dem »Young-Plan« gelungen, neue Zahlungsmodalitäten mit den Siegermächten auszuhandeln, die aus der Sicht der deutschen Regierung eine längerfristige Entlastung bringen sollten. Dieser Plan wurde aus unterschiedlichen Gründen in der politischen Öffentlichkeit kritisiert. Die Kommunisten lehnten ihn ab, weil mit den darin enthaltenen Kompensationen und Zahlungsmodalitäten eine Abwälzung der Kriegsfolgelasten auf die arbeitende Bevölkerung verbunden war. Politisches Kapital versuchten die Rechtsparteien aus diesem Streit zu ziehen. Sie lehnten den »Young-Plan« nach den Worten des DNVP-Vorsitzenden Alfred Hugenberg als »Maschinerie des Hochkapitalismus zur Unterjochung Deutschlands« ab. Im Juli 1929 gründeten sie einen »Reichsausschuss für das Volksbegehren gegen den Young-Plan«. Der anschließende Volksentscheid am 22. Dezember 1929 über ein sogenanntes »Freiheitsgesetz« scheiterte aber an einer zu geringen Beteiligung.

Der Zusammenbruch der New Yorker Börse am 24. Oktober 1929, der in Europa den sogenannten »Schwarzen Freitag« brachte, löste die bis dahin schwerste Krise der kapitalistischen Weltwirtschaft aus. Besonders katastrophale Ausmaße nahm die Krise in Deutschland an. Die Unternehmen reagierten mit immer neuen Produktionseinschränkungen, Lohnkürzungen und Massenentlassungen. Bis zum Höhepunkt der Krise im Sommer 1932 stieg die Arbeitslosigkeit im Jahresdurchschnitt auf 5,6 Millionen Menschen. Dazu kamen noch rund 4 Millionen Kurzarbeiter, so dass nur noch rund ein Drittel der Arbeiter und Angestellten voll beschäftigt war *(Dokument 1)*. Aufgrund der Unzulänglichkeit der Arbeitslosenversicherung und der sozialen Absicherung bei Kurzarbeit fielen viele tausend Lohn- und Gehaltsabhängige innerhalb kurzer Zeit aus allen sozialen Unterstützungssystemen heraus, Massenelend breitete sich aus.

Bereits im Dezember 1929 hatte sich hierzu der Reichsverband der Deutschen Industrie in seiner Denkschrift, »Aufstieg oder Niedergang?« *(Dokument 2)* positioniert. Die Reichsregierung wurde aufgefordert, vor dem Hintergrund der beginnenden Wirtschaftskrise nur solche Maßnahmen zu ergreifen, die den Unternehmen dienten. Sozialpolitische »Belastungen«, insbesondere die Beteiligung der Unternehmen an den Kosten der Sozialversicherung, sollten vermieden werden, wobei klar war, dass das nur durch Absenkung von Hilfeleistungen möglich war. Die Parolen der Unternehmer klangen zeitlos: »Die Sozialversicherung soll die wirklich Schutzbedürftigen und Notleidenden betreuen, eine unberechtigte, die Volksmoral schädigende Ausnutzung ihrer Einrichtung verhindern.«

Die Durchsetzung dieser antisozialen Politik wurde zum Hebel, mit der die »Große Koalition«, die sich im Mai 1928 aus SPD, Zentrum, BVP, DDP und DVP unter dem sozialdemokratischen Reichskanzler Hermann Müller gebildet hatte, gesprengt wurde. Der Regierungsstreit um die Erhöhung der Beiträge und damit auch des Unternehmeranteils zur Arbeitslosenversicherung, die von der SPD-Fraktion abgelehnt wurde, führte zur Aufkündigung der Koalition und damit zum Scheitern der Regierung Müller.

Reichspräsident Hindenburg nahm die Gelegenheit wahr, um den Zentrumspolitiker Heinrich Brüning zum Reichskanzler einer Minderheitsregierung (ohne SPD) zu ernennen. Damit begann die Zeit der »Präsidialkabinette«, die über keine eigene Reichstagsmehrheit verfügten und sich auf Notverordnungen des Reichspräsidenten stützten. Als das Parlament den Reichshaushalt für 1930 ablehnte, wurde dieser durch Hindenburg am 16. Juli per »Notverordnung zur Sicherung von Wirtschaft und Finanzen« erlassen. Im Streit um diese Entscheidung löste Hindenburg zwei Tage später den Reichstag auf und verkündete Neuwahlen für den September 1930.

Die Wahlen brachten zwar nicht die gewünschte Schwächung

des linken Blocks, auch wenn die SPD gut 5 % der Stimmen verlor, es gab vielmehr eine massive Verschiebung innerhalb der Rechtsparteien. Die NSDAP, die 1928 noch bei 2,6 Prozent gelandet war, gewann über 18 % zulasten der DNVP und der DVP und wurde mit 107 Abgeordneten die zweitstärkste Fraktion im Reichstag *(Dokument 4)*. Obwohl die Rechtsparteien bei dieser Wahl zusammen nur knapp ein Drittel der Stimmen erhielten, folgte aus diesem Votum ein zunehmender Machtanspruch der »Nationalen Opposition« gegenüber dem Brüningschen Präsidialkabinett.

Sie verstärkte die politische Propaganda insbesondere gegen den Versailler Vertrag, auf dessen Revision sie zunehmend drängte. Gleichzeitig wurden dessen Folgen als Propaganda-Argument für Wirtschaftskrise und Arbeitslosigkeit, die sich 1930/31 deutlich verstärkten, ins Feld geführt. Während die Brüning-Regierung als Strategie zur Krisenbewältigung massive Sparmaßnahmen zulasten der arbeitenden Bevölkerung verkündete, zu denen deutlicher Lohnabbau, Aufhebung der Tariflöhne, Kürzungen in den sozialen Hilfeleistungen gehörten *(Dokument 5)*, verstärkten die Rechtsparteien den politischen Druck.

Als Machtdemonstration versammelte sich am 11. Oktober 1931 in Bad Harzburg die sogenannte »Nationale Opposition« aus NSDAP, DNVP, der Militaristen-Vereinigung »Stahlhelm, Bund der Frontsoldaten« und anderen nationalistischen Gruppen. Mit öffentlichen Kundgebungen und Aufmärschen der uniformierten rechten Kampfverbände wurde zum Sturz von Reichskanzler Brüning und der sozialdemokratischen Regierung in Preußen aufgerufen. Die »Hauptresolution der Harzburger Tagung« *(Dokument 6)* forderte faktisch die Einsetzung einer »wirklichen Nationalregierung« durch den Reichspräsidenten Hindenburg. Wie wenig sich die NSDAP jedoch dieser »Gemeinschaft« unterzuordnen gedachte, demonstrierte sie am 17./18. Oktober 1931 mit einem Aufmarsch von angeblich 100.000 SA-Männern im benachbarten Braunschweig. Adolf Hitler unterstrich hiermit seinen Machtanspruch gegenüber den anderen Rechtsparteien und Gruppen.

Die Reichspräsidentenwahlen vom März 1932 machten die Machtkonkurrenz innerhalb des Rechtsblocks deutlich. Die NSDAP wollte mit Hitler als Kandidat ihren politischen Führungsanspruch unterstreichen. Damit er überhaupt kandidieren konnte, wurde Hitler, der eigentlich österreichischer Staatsangehöriger war, im Februar 1932 von der Regierung des Freistaats Braunschweig, an der die NSDAP bereits beteiligt war, zum Regierungsrat ernannt. Damit bekam er gleichzeitig die deutsche Staatsbürgerschaft. Doch DNVP und »Stahlhelm« waren noch nicht bereit, ihn bei dieser Wahl zu unterstützen. Da diesmal auch die SPD dazu aufrief, den erneut kandidierenden Hindenburg zu wählen, stellte die DNVP mit Theodor Duesterberg einen eigenen Kandidaten auf. Im ersten Wahlgang am 13. März 1932 verfehlte Hindenburg knapp die absolute Mehrheit, Hitler erreichte 30 %, der KPD-Vorsitzende Ernst Thälmann 13,2 %, Duesterberg nur 6,8 %.

Im zweiten Wahlgang am 10. April 1932 unterstützte ein Teil der DNVP-Anhängerschaft Hindenburg, zu dessen Wahl unter der Parole »Schlagt Hitler, darum wählt Hindenburg« erneut auch die SPD aufgerufen hatte und der 53,1 % der Stimmen erhielt. Ein anderer Teil des DNVP-Anhangs wählte Hitler, der 36,8 % erreichte, während Thälmann immer noch 10,2 % bekam. Mit dieser Wahl wurde deutlich, dass sich die NSDAP als hegemoniale Kraft im Rechtsblock durchgesetzt hatte.

Um ihre Machtposition entscheidend auszubauen, mussten von den Rechtskräften die starke sozialdemokratische »Bastion Preußen« beseitigt und die unter dem sozialdemokratischen Ministerpräsidenten Otto Braun geschäftsführende Regierung dieses bei weitem größten Landes der Weimarer Republik ausgeschaltet werden. Die Landtagswahl vom 24. April 1932 schien hierfür gute Voraussetzungen zu bieten. Die NSDAP wurde mit fast 37 % stärkste politische Kraft. Bei der Wahl vier Jahre zuvor waren es nur knapp 2 % gewesen. Doch selbst mit der DNVP reichte es nicht für eine Regierungsmehrheit. Andererseits verfügte auch die SPD geführte Preußen-Regierung nicht mehr über eine Mehrheit.

Als Ende Mai 1932 Heinrich Brüning, der unter zunehmenden Druck der Rechtsparteien im Reichstag geraten war, zurücktrat, ernannte Hindenburg Franz von Papen zum Reichskanzler, der ein »Kabinett der Barone« bildete, das auch von der DNVP unterstützt wurde. Die NSDAP versprach, das Kabinett zu tolerieren, wenn im Gegenzug das Organisations- und Uniformverbot gegen die SA und SS aufgehoben werde. Am 17. Juni 1932 folgte von Papen dieser Aufforderung. Gleichzeitig löste Hindenburg den Reichstag auf und setzte Neuwahlen für den 31. Juli an.

Im Vorfeld dieser Wahl kam es zu einem massiven Eingriff in das parlamentarische System und das Machtgefüge der Weimarer Republik, zum sogenannten »Preußenschlag« vom 20. Juli 1932. Bei dieser Aktion wurden per Notverordnung die geschäftsführende preußische Regierung Braun abgesetzt und Franz von Papen zum »Reichskommissar für Preußen« ernannt. *(Dokument 7)* Das preußische Innenministerium übernahm der Essener Oberbürgermeister Franz Bracht, ein eng mit dem Hause Krupp verbundener ehemaliger Zentrums-Politiker. Dieser Schritt bedeutete die Aufhebung der Rechte des preußischen Landesparlaments, die Entmachtung der Landesregierung und die Übernahme der Polizeigewalt durch die Reichsregierung.

Die KPD, die bis dahin die SPD als sozialfaschistisch bekämpft hatte, rief diese und die Gewerkschaften daraufhin zum Generalstreik auf, wie er 1920 gegen den Kapp-Putsch geführt worden war. Doch obwohl sich das Vorgehen der Reichsregierung direkt gegen die eigene Partei richtete, entschied sich die SPD nicht für politische Kampfmaßnahmen, sondern für eine Klage vor dem Staatsgerichtshof. Außerdem sollten die Wähler bei der Reichstagswahl am 31. Juli eine politische Antwort zugunsten der SPD geben. Es war für die Papen-Regierung eine außerordentliche Beruhigung, als der Nachrichtendienst am Abend des 20. Juli mitteilte, dass im Ruhrgebiet »vollkommene Ruhe herrsche«. Die Gewerkschaften hätten in ihrer Vorstandssitzung beschlossen, nicht den Generalstreik zu proklamieren, sondern sich erst nach den Wahlen erneut mit der Frage zu beschäftigen. Damit hatten SPD und Gewerkschaften vor diesem Staatsstreich des Präsidialkabinetts kapituliert.

***

Dokument 1

Beschäftigung und Arbeitslosigkeit 1928-1932

Im Jahresschnitt in Prozent aller Beschäftigten

Jahr	Arbeitslose	Kurzarbeit	Vollbeschäftigte	Absolut
1928	8,4%	5,6%	86,0%	1,54 Mio.
1929	13,1%	7,5%	79,4%	2,00 Mio.
1930	22,2%	13,4%	64,4%	3,07 Mio.
1931	33,7%	19,7%	45,6%	4,52 Mio.
1932	43,7%	22,6%	33,7%	5,60 Mio.

Quelle: Statistische Jahrbücher für das Deutsche Reich

Dokument 2

Denkschrift »Aufstieg oder Niedergang?«

Reichsverband der Deutschen Industrie, 2. Dezember 1929

»Die deutsche Wirtschaft steht am Scheideweg. Wenn es nicht endlich gelingt, das Steuer umzulegen und unserer Wirtschafts-, Finanz- und Sozialpolitik eine entscheidende Wendung zu geben, dann ist der Niedergang der deutschen Wirtschaft besiegelt. …

II. Leitsätze für die Umstellung der deutschen Wirtschaftspolitik

A. Kapitalbildung

1. Ausgangspunkt für alle Maßnahmen der Wirtschafts-, Finanz- und Sozialpolitik ist unter den für die deutsche Wirtschaft gegebenen Umständen die Förderung der Kapitalbildung. Sie ist die Voraussetzung für die Steigerung der Produktion und liegt daher im Interesse aller Schichten des deutschen Volkes. …

5. Die deutsche Wirtschaft muss von allen unwirtschaftlichen Hemmungen befreit werden. Die Vorbelastung der Produktion durch Steuern ist auf das unumgängliche Maß zurückzudämmen.

B. Staat und Wirtschaft

1. Die Eingriffe des Staates in die Wirtschaft finden ihre Grenzen in der grundsätzlichen Anerkennung der Gewerbefreiheit.
2. Die Betätigung der öffentlichen Körperschaften im Wirtschaftsleben muss sich auf die Aufgaben beschränken, die von der Individualwirtschaft nicht erfüllt werden können und sollen.
3. Soweit Unternehmungen der öffentlichen Hand überhaupt berechtigt sind, müssen sie grundsätzlich in privatwirtschaftlicher Form betrieben werden. Sie dürfen bei der Finanzierung und Besteuerung nicht bevorzugt werden. …
4. Die Zwangsbewirtschaftung der Wohnungen und gewerblichen Räume durch die Wohnungsämter, die einen wesentlichen Teil der unproduktiven Ausgaben beansprucht, ist beschleunigt abzubauen. …

C. Sozialpolitik

Die materiellen Ansprüche der Sozialpolitik müssen sich an die Grenzen der Leistungsfähigkeit und Entwicklungsmöglichkeiten der Wirtschaft halten. Nur dann ist die Erfüllung der sozialen Aufgaben für die Dauer gesichert. … Aus dieser Erkenntnis fordern wir in Übereinstimmung mit der Vereinigung der Deutschen Arbeitgeberverbände eine Reform:

1. der Sozialversicherungsgesetze. … Die Sozialversicherung soll die wirklich Schutzbedürftigen und Notleidenden betreuen, eine unberechtigte, die Volksmoral schädigende Ausnutzung ihrer Einrichtung verhindern.
2. der Arbeitslosenversicherung. … Ziel der Reform muss es sein, den Haushalt der Reichsanstalt durch weitere Ersparnisse ohne Erhöhung der Beiträge und ohne Inanspruchnahme öffentlicher Mittel in ein dauerhaftes Gleichgewicht zu bringen. …

3. der Schlichtungsordnung und des Zwangslohnsystems. Die staatliche Zwangsschlichtung auf die Gestaltung der Lohn- und Arbeitsbedingungen ist zu beseitigen. Die Verbindlichkeitserklärung von Schiedssprüchen ist auf Gesamtstreitigkeiten in lebenswichtigen Betrieben und solche Gesamtstreitigkeiten zu beschränken, welche die deutsche Volkswirtschaft so stark treffen, dass die Lebensmöglichkeiten der Gesamtbevölkerung gefährdet ist.«

Quelle: Veröffentlichungen des Reichsverband der Deutschen Industrie (Berlin), 1929, Nr. 49

Dokument 3

Die Reichskanzler der Präsidialkabinette am Ende der Weimarer Republik

Heinrich Brüning	März 1930 bis 30. Mai 1932
Franz von Papen	Juni 1932 bis Dezember 1932
Kurt von Schleicher	3. Dezember 1932 bis Januar 1933

Dokument 4

Ergebnisse der Reichstagswahl vom 14. September 1930

Partei	Stimmen	in %	±	Sitze	±
Sozialdemokratische Partei Deutschlands (SPD)	8.575.244	24,5 %	−5,3 %	143	−10
Nationalsozialistische Deutsche Arbeiterpartei (NSDAP)	6.379.672	18,3 %	+15,7 %	107	+95
Kommunistische Partei Deutschlands (KPD)	4.590.160	13,1 %	+2,5 %	77	+23
Deutsche Zentrumspartei (Zentrum)	4.127.000	11,8 %	−0,3 %	68	+7
Deutschnationale Volkspartei (DNVP)	2.457.686	7,0 %	−7,3 %	41	−32

Partei	Stimmen	in %	±	Sitze	±
Deutsche Volkspartei (DVP)	1.577.365	4,5 %	–4,2 %	30	–15
Reichspartei des deutschen Mittelstandes (Wirtschaftspartei)	1.361.762	3,9 %	–0,6 %	23	±0
Deutsche Staatspartei (DStP, vorher DDP)	1.322.034	3,8 %	–1,0 %	20	–5
Christlich-Nationale Bauern- und Landvolkpartei (Landvolk)	1.108.043	3,2 %	+1,3 %	19	+10
Bayerische Volkspartei (BVP)	1.058.637	3,0 %	–0,1 %	19	+2
Christlich-Sozialer Volksdienst (CSVD)	868.269	2,5 %	–	14	+14
Deutsche Bauernpartei (DBP)	339.434	1,0 %	–0,6 %	6	–2
Konservative Volkspartei (KVP)	290.579	0,8 %	–	4	+4
Reichspartei für Volksrecht und Aufwertung (Volksrechtpartei)	271.291	0,8 %	–0,8 %	0	–2
Landbund	193.926	0,6 %	–0,1 %	3	±0
Deutsch-Hannoversche Partei (DHP)	144.286	0,4 %	–0,2 %	3	–1
Sonstige	291.083	0,8 %	–0,9 %	0	±0
Gesamt	34.956.471	100 %		577	+86

Quelle: https://de.wikipedia.org/wiki/Reichstagswahl_1930

Dokument 5

Reichskanzler Heinrich Brüning vor dem Deutschen Reichstag am 16. Oktober 1930

Ich halte mich für verpflichtet, ihnen schon in diesem Augenblick über die weiteren Pläne der Reichsregierung Aufschluss zu geben … Die Reichsregierung hat schon mit der Auflösung des Reichstages versprochen, dem neuen Reichstag ein umfassendes Sanierungsprogramm vorzulegen. …

Die Grundlinien des Reformplanes der Reichsregierung sind ein vollkommen ausgeglichener Haushaltsplan für 1931, Selbstständigmachen der Arbeitslosenversicherung, Sparsamkeit auf allen Gebieten, auch an den Gehältern, Vereinfachung des behördlichen Apparates, insbesondere auf dem Gebiet der Steuerverwaltung, eine Steuerpolitik, die den Produktionsprozess nicht unerträglich belastet, vielmehr die Kapitalbildung, namentlich auch bei den kleinen Sparern, fördert, und schließlich die Vorbereitung eines endgültigen Finanzausgleichs zwischen Reich, Ländern und Gemeinden. Dieser endgültige Finanzausgleich soll Ländern und Gemeinden die Verantwortung, die sie im Wesentlichen nur noch für die Ausgaben haben, auch für die Einnahmen wiedergeben.

Die Gehalts- und Preispolitik der Reichsregierung verfolgt, was ich mit Nachdruck betonen möchte, in ihrem auf längere Sicht eingestellten Plan keine dauernde Senkung des Reallohns; sie will vielmehr das sachlich vielfach nicht gerechtfertigte und daher unhaltbare deutsche Preisgebäude unter allen Umständen ins Wanken bringen. Dieses Ziel ist nicht zu erreichen, ohne dass auch eine gewisse Beweglichkeit in die Gehälter und Löhne gebracht wird,

(Zurufe von den Kommunisten und Nationalsozialisten)

die in Deutschland zu etwa 75 Prozent, sei es durch Gesetz, sei es durch Tarifverträge, gebunden sind. Die Aufgabe, die deutschen Preise der Weltpreislage anzupassen, ist für unsere wirtschaftliche Gesundung so wichtig und dringend, dass sie selbst dann durchgeführt werden muss, wenn alle Schichten des deutschen Volkes unbequeme Opfer tragen müssen.

(Erneute Zurufe von den Kommunisten)

Bei solchen Maßnahmen bedarf die Reichsregierung vor allem auch der tatkräftigen Mithilfe der Beamtenschaft. … Bei der besonderen Schicksalsverbundenheit zwischen Beamten und Staat ist es nicht zu vermeiden, dass auch die Beamtenschaft materielle Opfer bringt. Die Beamtenschaft wird und muss es verstehen, dass sie nicht unberührt bleiben kann, wenn es gilt, die Sanierung der Finanzen der gesamten öffentlichen Hand in die Wege zu leiten.

(Abgeordneter Torgler (KPD): Deswegen sechsprozentiger Gehaltsabbau bei Gehältern von 180 Reichsmark!)

Quelle: Sitzungsprotokolle Verhandlungen des Reichstags, https://www.reichstagsprotokolle.de/Blatt2_w5_bsb00000128_00026.html

Dokument 6

Hauptresolution der Harzburger Front

11. Oktober 1931 (Auszug)

Die nationale Opposition hat seit Jahren vergeblich gewarnt,

- vor dem Versagen der Regierungen und des Staatsapparates gegenüber dem Blutterror des Marxismus, dem fortschreitenden Kulturbolschewismus und der Zerreißung der Nation durch den Klassenkampf, vor der planmäßigen Ausschaltung der nationalen Kräfte aus der Leitung des Staates,
- vor einer Politik, die in der politischen, wirtschaftlichen und militärischen Entmannung Deutschlands noch über das Diktat von Versailles hinausgeht,
- vor einer Politik, die die heimische Wirtschaft zugunsten weltwirtschaftlicher Utopien preisgibt,
- vor einer Politik, der Unterwürfigkeit dem Ausland gegenüber, die weder die Gleichberechtigung Deutschlands gebracht hat, noch den zerrissenen Osten vor einem kriegerischen Einbruch bewahrt.

Entschlossen, unser Land vor dem Chaos des Bolschewismus zu bewahren, unsere Politik durch wirksame Selbsthilfe aus dem Strudel des Wirtschaftsbankerotts zu retten und damit der Welt zu wirklichem Frieden zu verhelfen, erklären wir:

Wir sind bereit, im Reich und in Preußen in national geführten Regierungen die Verantwortung zu übernehmen. Wir stoßen keine Hand zurück, die sich uns zu wirklich ehrlicher Zusammenarbeit anbietet. Wir müssen es aber ablehnen, die Erhaltung eines falschen Systems und Fortsetzung eines falschen Kurses in einer nur national getarnten Regierung der bisherigen Kräfte irgendwie zu stützen. Jede Regierung, die gegen den Willen der geschlossenen nationalen Opposition gebildet werden sollte, muss mit unserer Gegnerschaft rechnen.

So fordern wir den sofortigen Rücktritt der Regierungen Brüning und Braun, die sofortige Aufhebung der diktatorischen Vollmachten der Regierungen, deren Zusammensetzung nicht dem Volkswillen entspricht, und die sich nur noch mit Notverordnungen am Ruder halten; wir fordern sofortige Neuwahl der überalterten Volksvertretungen, vor allem im Reich und in Preußen.

Im vollen Bewusstsein der damit übernommenen Verantwortung erklären wir, dass die in der nationalen Opposition stehenden Verbände bei kommenden Unruhen wohl Leben und Eigentum, Haus, Hof und Arbeitsstelle derjenigen verteidigen werden, die sich mit uns offen zur Nation bekennen, dass wir es aber ablehnen, die heutige Regierung und das heute herrschende System mit dem Einsatz unseres Blutes zu schützen.

Wir verlangen Wiederherstellung der deutschen Wehrhoheit und Rüstungsausgleich. Einig stehen wir zu diesen Forderungen. Geächtet ist jeder, der unsere Front zersetzen will.

... Nur der starke nationale Staat kann Wirtschaft und Arbeitsplatz schützen, nur der starke nationale Staat kann das Leistungsprinzip in jeder Form verwirklichen und die zur Herbeiführung einer wahren Volksgemeinschaft notwendigen sozialen Maßnahmen durchführen. Wir verlangen von allen Volksgenossen Pflichterfüllung und Opfer.

Quelle: zit. nach
Harzburger Zeitung vom 11. Oktober 1931

Dokument 7

Staatsstreich gegen die Preußische Staatsregierung am 20. Juli 1932

Aufzeichnung der Reichskanzlei über den Ablauf der Aktion gegen die Preußische Staatsregierung am 20. Juli 1932 (Auszüge)

Es erschienen kurz nach 10 Uhr die Herren Staatsminister Dr. Hirtsiefer und Dr. Severing und Herr Staatsminister Klepper, obwohl er für seine Person abgesagt hatte. Ferner erschien Ministerialdirektor Nobis.

Von Reichsseite nahmen an der im Kabinettszimmer stattfindenden Besprechung der Herr Reichskanzler, Herr Reichsminister Freiherr von Gayl, Herr Staatssekretär Planck und Herr Ministerialrat Wienstein als Protokollführer teil. Der Herr Reichskanzler machte den preußischen Herren Mitteilung von der Verordnung des Herrn Reichspräsidenten vom 20. Juli, nach der der Reichskanzler zum Reichskommissar für das Land Preußen bestellt worden ist, und dass er auf Grund dieser Ermächtigung die Mitglieder der Preußischen Staatsregierung Ministerpräsident Dr. Braun und Staatsminister Dr. Severing ihres Amtes enthoben habe, und dass er auf Grund der Ermächtigung die Dienstgeschäfte des Preußischen Ministerpräsidenten übernommen und mit der Führung des Preußischen Ministeriums des Innern als Kommissar des Reichs den Oberbürgermeister Dr. Bracht betraut habe.

An diese Eröffnung knüpfte sich eine erregte Erwiderung der preußischen Herren. Herr Minister Severing erklärte, dass er nur der brachialen Gewalt weichen würde, blieb aber sachlich, wenn auch innerlich sehr erregt. Die Unterredung dauerte von 10.08–10.28 Uhr.

Der ursprüngliche Plan, dass nach dieser Unterredung Herr Oberbürgermeister Bracht sogleich in das Preußische Innenministerium einziehen sollte, war durch die Weigerung Severings hinfällig geworden. Die Herren Reichskanzler, Reichsminister von Gayl, Staatssekretär Planck und Oberbürgermeister Bracht traten sofort zu einer Besprechung zusammen. Es wurde nunmehr der militärische Ausnahmezustand für Berlin und die Provinz Brandenburg verhängt. Die Notverordnung hierüber war schon bei dem letzten Vortrag in Neudeck in Aussicht genommen und vollzogen worden.

Von 11.10–11.30 Uhr war Presseempfang, bei dem Staatssekretär Planck für die inländische Presse Erklärungen abgab.

11.05–11.25 Uhr hatte der Herr Reichskanzler Herrn Präsidenten Luther zu sich gebeten, um ihm Erklärungen abzugeben, damit die Bankwelt nicht beunruhigt würde.

11.35 Uhr erschien Staatssekretär Meissner im Zimmer des Herrn Reichskanzlers, um in Gegenwart von Herrn Minister Gayl und Herrn Bracht die Frage aufzuwerfen, ob nicht der Herr Reichspräsident für den Fall der Erklärung eines Generalstreiks den militärischen Ausnahmezustand über ganz Deutschland verhängen sollte. Er wäre bereit, die Ermächtigung telefonisch in Neudeck einzuholen. Der Auftrag wurde ihm erteilt, die Ausführung war aber im Verlaufe des Tages nicht mehr erforderlich.

Der Herr Reichskanzler empfing zu den nachfolgenden Zeiten die Vertreter des Reichsrats, um sie über die Maßnahmen der Reichsregierung kurz zu unterrichten:

Herr Ministerialdirektor Nobis hatte nach der Besprechung am frühen Vormittag vom Herrn Reichskanzler von Papen als Kommissar des Landes Preußen den Auftrag erhalten, zu einer Staatsministerialsitzung die Herren preußischen Minister auf Nachmittag 5 Uhr in die Reichskanzlei einzuladen. Diese Sitzung fand nicht statt, weil die Mitglieder des Preußischen Staatsministeriums unter Führung von Herrn Staatsminister Hirtsiefer in einem Briefe vom 20. Juli, der in den Nachmittagsstunden gegen 3 Uhr bei dem Herrn Reichskanzler einging, erklärt haben, sie betrachteten die Verordnung des Reichspräsidenten für rechtsungültig, würden Klage beim Staatsgerichtshof erheben und zu der Staatsministerialsitzung nicht erscheinen.

In den Nachmittagsstunden entwickelte sich die Amtsentsetzung der Herren Polizeipräsident Grzesinski, Vizepräsident Weiß und Polizeikommandeur Heimannsberg etwa folgendermaßen:

Es wurden ihnen bereits am Vormittag ihre Verabschiedungsbriefe zugestellt durch Hauptmann Berthold. Die Herren erklärten, dass die Schreiben rechtsungültig seien und dass sie nur der Gewalt weichen würden. Infolgedessen setzte sich in den Nachmittagsstunden, etwa gegen 4 Uhr, von Moabit aus auf Veranlassung des Wehrkreiskommandanten Reichswehr nach dem Polizeipräsidium in Marsch. Die 3 Herren weigerten sich auch jetzt noch, freiwillig ihre Ämter niederzulegen. Infolgedessen wurden sie verhaftet und in das Kameradschaftshaus in Moabit überführt. Kurze Zeit danach wurde auf Anregung von Ministerialdirektor Klausener nach Einholung einer Zustimmung des Wehrkreiskommandanten den Herren ein Revers vorgelegt, wonach sie nunmehr bereit seien, ihre Amtsgeschäfte niederzulegen. Nach Unterschriftsleistung wurden die Herren um 7.20 Uhr aus der Haft entlassen.

Im Verlauf der Abendstunden wurde mitgeteilt, dass in Essen und Wuppertal vollkommene Ruhe herrsche. Die Gewerkschaften haben in ihrer Vorstandssitzung beschlossen, nicht den Generalstreik zu proklamieren, sondern sich erst nach den Wahlen erneut mit der Frage zu beschäftigen.

Quelle: »Akten der Reichskanzlei. Weimarer Republik«, https://www.bundesarchiv.de/aktenreichskanzlei/1919-1933/0000/vpa/vpa1p/kap1_2/para2_74.html

Kapitel 3

Krisenauswege der wirtschaftlichen und politischen Eliten

Die Frage, wie die politische Krise der Weimarer Republik zu lösen sei, wurde nicht nur im Parlament und zwischen den politischen Parteien verhandelt. Auch die ökonomischen Eliten mischten sich zunehmend in diese Debatte ein. Mit dem Hebel der Notverordnung war ein Instrument geschaffen, mit dessen Hilfe auch ohne parlamentarische Mehrheit gewünschte Rahmenbedingungen geschaffen werden konnten. Und der »Reichsverband der Deutschen Industrie« stellte klare Forderungen an die Brüning-Regierung. Seit Beginn der Weltwirtschaftskrise erhoben die wirtschaftlich Mächtigen sehr konkrete Forderungen, die auf eine »Entlastung« der Unternehmen hinausliefen. Dabei ging es nicht nur um Steuern, sondern auch um den Abbau von durch die Arbeiterbewegung in der Novemberrevolution und in den ersten Jahren der Weimarer Republik erkämpften sozialen Errungenschaften, für die zum Teil auch die Unternehmen aufkommen mussten. Im Grundsatz ging es dabei um einen Umbau der Weimarer Republik im Sinne einer autoritären Herrschaft, im Interesse von langfristig günstigen Investitionsbedingungen für die Unternehmen.

In einer Denkschrift vom Juni 1931 forderte der Reichsverband, »die Wirtschaft in viel stärkerem Maße als bisher von den Fesseln zu befreien, die ihr die ungeheure Überlastung mit öffentlichen Abgaben und die falschen Methoden der früheren Wirtschafts-, Finanz- und Sozialpolitik auferlegt haben.« *(Dokument 8)*

Gleichzeitig wurde eine deutliche Warnung ausgesprochen, dass »eine Unentschlossenheit der Reichsregierung … von der überwältigenden Mehrheit des deutschen Volkes und von der gesamten deutschen Industrie nicht mehr verstanden« werde. Damit kündigte der Reichsverband an, falls seine Forderungen nicht angemessen berücksichtigt würden, könne man sich auch anderen politischen Kräften zuwenden. Und diese Kräfte standen in Gestalt der NSDAP durchaus bereit.

Diese Möglichkeit erkannten Hitler und die NSDAP sehr klar. Auf Vermittlung von Fritz Thyssen, Aufsichtsratsvorsitzender der Vereinigten Stahlwerke AG und langjähriger Förderer der NSDAP, bekam Adolf Hitler im Januar 1932 die Gelegenheit, im angesehenen Düsseldorfer Industrie-Club vor den Spitzen der rheinischen und Ruhr-Schwerindustrie, den Vertretern von Banken und Konzernen sein Programm darzulegen. Wie groß das Interesse an der Veranstaltung war, zeigte sich an der Zahl von 650 Zuhörern. Hitler trat hier vollkommen anders als bei seinen öffentlichen Wahlkampf-Reden auf. Hier bediente er nicht den platten Rassismus und die soziale Demagogie, sondern unterstrich die gemeinsame Ablehnung der Weimarer Demokratie und präsentierte ein Rasse-Konzept, das den Unternehmen die »wirtschaftlichen Vorteile« des Herrenmenschen-Denkens aufzeigte. *(Dokument 9)* Die Reaktionen waren sehr positiv.

Im Frühjahr 1932 schuf Wilhelm Keppler, seit 1927 Mitglied der NSDAP, mit ausgewählten Kapitalvertretern einen »Studienkreis für Wirtschaftsfragen«, der für die NSDAP Wirtschafts- und Finanzprogramme entwickeln und Kontakte zu Industriellen herstellen sollte.

Dieser »Keppler-Kreis« traf sich am 20. Juni 1932 im Hotel »Kaiserhof« (in Berlin) mit Adolf Hitler. Hier redete der »Führer« der NSDAP in kleinem Kreis Klartext. Dass zu diesem Kreis auch Reichsbankpräsident Hjalmar Schacht gehörte, macht deutlich, dass sich in den ökonomischen Eliten bereits ab Frühjahr 1932 eine Option für Hitler und die NSDAP abzuzeichnen begann. Das zeigte auch die »Ruhrlade«, ein exklusiver Kreis der zwölf einflussreichsten Ruhrindustriellen, dem neben Fritz Thyssen auch Gustav Krupp von Bohlen und Halbach als Präsident des Reichsverbandes der Deutschen Industrie angehörte. Zahlreiche Großunternehmer unterstützten daraufhin mit erheblichen Geldsummen den Wahlkampf der NSDAP im Juli 1932. *(Dokument 10)*

Und die Partei organisierte einen Wahlkampf, wie er bis zu dem Zeitpunkt noch von keiner anderen Partei geführt worden war. Selbst in kleineren Orten fanden martialische Aufmärsche von SA und SS statt, Hitler sprach pro Tag auf mehreren Kundgebungen. Als erster Politiker reiste er sogar per Flugzeug zu solchen Auftritten, was dann wieder von vielen Medien als »Sensation« und »Modernität« in der Öffentlichkeit verbreitet wurde. Diese Kombination von »Sensation« und propagandistischer Rhetorik verfehlte ihre Wirkung auf das Wahlvolk nicht. Im Juli 1932 konnte die NSDAP die Zahl ihrer Wählerstimmen und Mandate jeweils verdoppeln. Mit über 37% der Stimmen wurde sie mit Abstand die stärkste Kraft, wobei sie sich als Sammlungsbewegung vor allem zu Lasten der kleineren wirtschaftsnahen und nationalistischen bürgerlichen Parteien erwies. Auch die deutliche Steigerung der Wahlbeteiligung (knapp 2 Millionen Wähler mehr) war vor allem auf die Mobilisierung von neuen Anhängern der NSDAP zurückzuführen. *(Dokument 11)*

Trotz dieses Wahlerfolgs kam im Sommer 1932 noch keine Regierungskoalition der Rechtsparteien unter Einschluss der NSDAP zustande. Das hatte zwei Ursachen. Zum einen reichten die Mandate der extremen Rechten, der NSDAP, der DNVP und anderer national-konservativer Kräfte noch nicht für eine Mehrheit. Außerdem weigerten sich die Führer der anderen Rechtsparteien, insbesondere der DNVP, einen »Führungsanspruch« der NSDAP anzuerkennen. Ungeachtet ihres Wahlerfolgs sah man die Nazipartei nur als Koalitionspartner, der jedoch nicht die Regierungspolitik bestimmen sollte. Auch Hindenburg, der die Gegenkandidatur Hitlers bei den Reichspräsidentenwahlen nicht vergessen hatte, lehnte es ab, diesem, wie von ihm gefordert, die Kanzlerschaft anzubieten. Der einzige Machtzuwachs für die NSDAP aus diesem Wahlergebnis war Ende August die Wahl von Hermann Göring zum Präsidenten des Reichstags. Reichskanzler mit seinem »Kabinett der Barone« blieb Franz von Papen, der aber jetzt nicht mehr auf die Tolerierung durch die NSDAP bauen konnte. Als bis Mitte September 1932 im Reichstag wiederum keine Regierungsmehrheit zustande kam, löste Hindenburg den Reichstag erneut auf und setzte wiederum Neuwahlen für den 6. November 1932 an.

Diese desolate Situation im Parlament spiegelte die gesellschaftlichen Auseinandersetzungen wider. Sie waren geprägt von den Kämpfen um die Abwälzung der Krisenlasten auf die Lohn- und Gehaltsabhängigen und Rentner und von der Verelendung großer Teile der Bevölkerung, ganz besonders der Arbeitslosen. 1931 ging nur noch knapp die Hälfte aller Arbeiterinnen und Arbeiter einer Vollzeitbeschäftigung nach, wobei diese oftmals mit Lohnkürzungen erkauft worden war. 1932 war es sogar, wie erwähnt, nur noch ein Drittel, das über ausreichende Arbeitseinkommen verfügte. Die Stempelstellen (bei den Arbeitsämtern) und die Wohlfahrtseinrichtungen für diejenigen, die keinerlei staatliche Unterstützung mehr bekamen, wurden zu Orten, an denen sich soziale Unzufriedenheit entlud.

Diese Verelendung betraf aber nicht nur die Industriearbeiter oder die großstädtische Bevölkerung. Auch in den Kleinstädten und auf dem Lande waren die Folgen der Wirtschaftskrise extrem. Vor allem Kleinbauern, die schon unter normalen Bedingungen nur knapp von den Erträgen ihrer Arbeit leben konnten, wurden durch Preisdruck und Überschuldung in den Ruin getrieben. Zahlreiche Zwangsversteigerungen trugen das wirtschaftliche Elend auch in die ländlichen Regionen.

Die Hoffnungen innerhalb der wirtschaftlichen und politischen Eliten in den erneuten Urnengang im November 1932 waren klar. Ihre bereits auf die NSDAP orientierte Richtung erwartete, dass der enorme Stimmenzuwachs dieser Partei seit den Wahlen von 1930 bei allen Landtags- und Reichstagswahlen sich fortsetzen werde.

Doch unabhängig von ihrer Haltung zur NSDAP wurde in diesen Kreisen insgesamt erwartet, dass das Wahlergebnis eine parlamentarische Legitimation für die Errichtung einer autoritären Herrschaft abgeben werde. Neben allen parlamentarischen Konstellationen gab es aber einen wachsenden Widerstand der Arbeiterorganisationen und anderer demokratischer Kräfte.

Letztlich brachten die Novemberwahlen von 1932 ein Resultat, welches den Intentionen der wirtschaftlich Mächtigen in keiner Weise entsprach. Die NSDAP verlor zum ersten Mal über eine Million Wählerstimmen und 15 % ihrer Mandate, wobei sich die völkisch-nationalistischen bzw. rechtsliberalen Parteien (DNVP und DVP) stabilisieren konnten. Der Rechtsblock insgesamt war damit zwar nur unwesentlich geschwächt. Aber der scheinbar »unaufhaltsame Aufstieg« Adolf Hitlers war mit diesem Wahlergebnis ins Stocken gekommen. Dramatischer aus der Sicht der reaktionären Kräfte und Wirtschaftsvertreter war jedoch die Tatsache, dass die KPD mit knapp sechs Millionen Wählerstimmen deutlich gestärkt aus diesen Wahlen hervorging. *(Dokument 11)*

Als erste Reaktion auf dieses Wahlergebnis ordnete Reichspräsident von Hindenburg am 7. November per Notverordnung einen »politischen Burgfrieden« an und untersagt alle politischen Kundgebungen. Dieses Demonstrationsverbot wurde bis zum 2. Januar 1933 verlängert. Da sich insbesondere die Kommunisten nicht an dieses Verbot hielten, wurden schon in diesen Wochen zahlreiche ihrer Anhänger wegen Verstoßes gegen die Notverordnung in Haft genommen.

Als Reaktion auf das Wahlergebnis wandten sich auf Initiative des Keppler-Kreises noch im November 1932 über zwanzig Großindustrielle, Vertreter von Banken und Handelshäusern sowie Großagrarier in einer Eingabe an Reichspräsident Paul von Hindenburg *(Dokument 12)*. Ohne Hitler namentlich zu erwähnen, beschrieben sie, welchen Nutzen sie in seiner politischen Arbeit sahen: »Wir erkennen in der nationalen Bewegung, die durch unser Volk geht, den verheißungsvollen Beginn einer Zeit, die durch Überwindung des

Klassengegensatzes die unerlässliche Grundlage für einen Wiederaufstieg der deutschen Wirtschaft erst schafft.«

Um diesen »verheißungsvollen Beginn« nicht zu gefährden, formulierten sie den klaren Hinweis, wie sie sich mit dem Mittel des Präsidialkabinetts eine Lösung vorstellten:

»Die Übertragung der verantwortlichen Leitung eines mit den besten sachlichen und persönlichen Kräften ausgestatteten Präsidialkabinetts an den Führer der größten nationalen Gruppe wird die Schlacken und Fehler, die jeder Massenbewegung notgedrungen anhaften, ausmerzen und Millionen Menschen, die heute abseits stehen, zu bejahender Kraft mitreißen.«

Und Hindenburg reagierte tatsächlich im Sinne dieser Eingabe, indem er Hitler anbot, Teil eines »parlamentarischen Mehrheitskabinetts« zu werden, was jedoch angesichts der im Reichstag vertretenen Parteien aussichtslos war. Der wiederum wiederholte – in der klaren Erkenntnis, dass ohne die NSDAP eine rechte Krisenlösung nicht möglich wäre – seine Forderung nach vorbehaltloser Übertragung der Regierungsgewalt, was wiederum Hindenburg vorerst noch ablehnte. Er wollte der NSDAP und Hitler noch nicht die Führungsrolle bei der angestrebten autoritären Krisenlösung zugestehen.

Die Wahlen im November 1932 hatten zudem deutlich gemacht, dass das »Kabinett der Barone« unter Franz von Papen keinerlei Rückhalt mehr besaß – weder im Parlament noch unter einer Mehrheit der Führungsgruppen aus Politik, Wirtschaft und Militär. Aus deren Reihen war noch am Wahltag ein Aufruf an Hindenburg zugunsten von Papen und der DNVP ergangen, der aber angesichts des Wahlergebnisses hinfällig war. Papen trat Anfang Dezember 1932 zurück und wurde durch den Reichswehrgeneral Kurt von Schleicher ersetzt. Der kommissarische preußische Innenminister Bracht wurde Reichsinnenminister.

Das politische Konzept Schleichers richtete sich auf eine reichswehrgestützte autoritäre Lösung aus und beinhaltete ebenfalls keine parlamentarische Absicherung der Regierung, sondern die korporative Einbindung unterschiedlicher gesellschaftlicher Kräfte als

Ausweg aus der Krise. Dazu nahm Schleicher sowohl zu Teilen der NSDAP um Gregor Strasser als auch zu den Gewerkschaften Kontakt auf, um sie für eine Unterstützung seiner Politik zu gewinnen. Da eine Integration der Gewerkschaften in eine solche »Querfront« nur mit gewissen politischen und sozialen Zugeständnissen zu erkaufen sein würde, schien ein solcher Ansatz in den Augen einflussreicher Kapitalvertreter und der nationalkonservativen Eliten suspekt. Daher suchten sie andere Krisenlösungen.

***

Dokument 8

Der Reichsverband der Deutschen Industrie zur wirtschaftlichen und politischen Lage

19. Juni 1931

Der Reichsverband sieht sich … gezwungen, schon jetzt auf folgende Fragen von grundsätzlicher Bedeutung aufmerksam zu machen:

Angesichts der in der letzten Zeit besonders scharf in Erscheinung getretenen Kapitalflucht ist es unerlässlich, mit größter Beschleunigung solche Maßnahmen zu ergreifen, die geeignet sind – nicht durch gesetzlichen Zwang, sondern durch die Herstellung des inneren Vertrauens –, diese Bewegung abzudämmen. An erster Stelle steht hier die vom Reichsverband wiederholt betonte und in seinen Druckschriften von 1925 und 1929 eingehend begründete Notwendigkeit, die Wirtschaft in viel stärkerem Maße als bisher von den Fesseln zu befreien, die ihr die ungeheure Überlastung mit öffentlichen Abgaben und die falschen Methoden der früheren Wirtschafts-, Finanz- und Sozialpolitik auferlegt haben. Es ist anzuerkennen, dass in der Notverordnung manches geschehen ist, was diesem Gesichtspunkt Rechnung trägt. Auf der anderen Seite bringt aber die Notverordnung, insbesondere mit der Krisensteuer, eine neue zusätzliche Belastung des Unternehmertums und der mit der Wirtschaft eng verbundenen Schicht der verantwortlichen

Angestellten. Diese zusätzliche Belastung wirkt zweifellos auf die Kapitalbildung sehr hemmend. Der Reichsverband der Deutschen Industrie vertritt demgegenüber die Auffassung, dass eine endgültige wirtschaftliche Gesundung unmöglich ist, solange eine derartig verschärfte Hemmung der Kapitalbildung besteht. Gerade der Reichskanzler habe im Namen der Reichsregierung die Notwendigkeit der volkswirtschaftlichen Kapitalbildung wiederholt nachdrücklichst betont.

Eine wichtige Voraussetzung für die Wiederherstellung des Vertrauens des Inlandes zur Reichsregierung ist ferner auch das entschlossene Anfassen der Reparationsfrage. Die Ereignisse der letzten Tage haben bewiesen, dass die offizielle Wiederaufrollung der Reparationsfrage zwecks Herbeiführung einer anderweitigen Reparationsregelung eine außerordentlich drängende Angelegenheit geworden ist. Eine Unentschlossenheit der Reichsregierung in dieser Frage würde von der überwältigenden Mehrheit des deutschen Volkes und von der gesamten deutschen Industrie nicht mehr verstanden werden.

Quelle: Akten der Reichskanzlei, https://www.bundesarchiv.de/aktenreichskanzlei/1919-1933/0000/bru/bru2p/kap1_1/para2_86.html

Dokument 9

Rede Adolf Hitlers vor dem Industrie-Club in Düsseldorf

26. Januar 1932 (Auszug)

Das Interesse an der Veranstaltung war mit 650 Zuhörern außerordentlich groß. Karl Haniel, der Vorsitzende des Düsseldorfer Industrie-Clubs, schrieb am 20. Januar 1932 an Gustav Krupp von Bohlen und Halbach auf dessen Beschwerde, er habe keine Einladung erhalten: »Der Andrang der Clubmitglieder zum Hitler-Vortrag übersteigt tatsächlich unsere kühnsten Erwartungen und der größte Saal des Parkhotels ist leider nicht größer zu machen als er nun mal ist«. (U. Schneider)

»Ich sehe zwei Prinzipien, die sich schroff gegenüberstehen: das Prinzip der Demokratie, das überall, wo es sich praktisch auswirkt, das Prinzip der Zerstörung ist. Und das Prinzip der Autorität der Persönlichkeit, das ich als das Leistungsprinzip bezeichnen möchte, weil alles, was überhaupt Menschen bisher leisteten, alle menschlichen Kulturen nur aus der Herrschaft dieses Prinzips heraus denkbar sind. Der Wert eines Volkes an sich, die Art der inneren Organisation, durch die dieser Wert sich auswirken soll, und die Art der Erziehung sind die Ausgangspunkte für das politische Handeln eines Volkes und damit die Grundlagen für die Ergebnisse dieses Handelns.

Glauben Sie doch nicht, dass ein Volk, das sich so seiner Werte beraubte wie das deutsche, in früheren Jahrhunderten besser fuhr, ob Weltkrise oder nicht. Wenn ein Volk den Weg nimmt, den wir genommen haben …, dann kann es nirgends anders hingelangen als dorthin, wo sich zurzeit Deutschland befindet. … Immer dann, wenn bestimmte Beziehungen der Völker entsprechende Lagen schufen, musste eine Erkrankung dieser Völker um sich greifen und die Gesamtlage beeinflussen. Es ist natürlich billig zu sagen: Wir wollen warten, bis die allgemeine Lage sich ändert. Das ist unmöglich. Denn die Lage, die Sie heute vor sich sehen, ist nicht etwa die Folge einer göttlichen Willensoffenbarung, sondern das Ergebnis menschlicher Schwächen, menschlicher Fehler, menschlicher Trugschlüsse. Es ist nur natürlich, dass, zuerst in diesen Ursachen eine Wandlung eintreten muss und somit zuerst die Menschen einem inneren Wandel anheimgegeben werden müssen, ehe man mit einer Änderung der Lage rechnen darf.

Das ergibt sich schon bei einem Blick auf die heutige Weltlage: Wir haben eine Anzahl von Nationen, die auf Grund eines ihnen angeborenen überragenden Wertes sich eine Lebenshaltung schufen, die in keinem Verhältnis steht zu dem Lebensraum, den sie in dichten Siedlungen bewohnen. Wir haben die sogenannte weiße Rasse, die sich seit dem Zusammenbruch der Antike im Laufe von rund tausend Jahren eine Vorzugsstellung in der Welt verschafft hat. Ich kann die wirtschaftlich bevorzugte Herrenstellung der weißen Rasse der übrigen Welt gegenüber aber gar nicht verstehen, wenn ich sie nicht in engsten Zusammenhang bringe mit einer politischen Herrenauffassung, die der weißen Rasse als etwas Natürliches seit vielen Jahrhunderten eigen gewesen und von ihr nach außen hin vertreten worden ist. Greifen Sie irgendein einzelnes Gebiet heraus, nehmen Sie etwa Indien: England hat Indien nicht auf dem Wege von Recht und Gesetz erworben, sondern ohne Rücksicht auf Wünsche, Auffassungen oder Rechtskundgebungen der Eingeborenen und hat diese Herrschaft, wenn nötig, mit der brutalsten Rücksichtslosigkeit aufrechterhalten. … Die Besiedelung des nordamerikanischen Kontinents ist ebenso wenig aus irgendwelchen, nach demokratischer oder internationaler Auffassung höheren Rechtsansprüchen erfolgt, sondern aus einem Rechtsgefühl, das seine Wurzel einzig in der Überzeugung von der Überlegenheit und damit vom Recht der weißen Rasse besaß. Wenn ich mir diese Geistesverfassung wegdenke, die im Laufe der letzten drei, vier Jahrhunderte der weißen Rasse die Welt erobert hat, dann würde tatsächlich das Schicksal dieser Rasse nicht anders sein als etwa das Schicksal der Chinesen: eine maßlos zusammengepresste Menschenmasse auf außerordentlich beengtem Boden, eine Überbesiedlung mit all ihren zwangsläufigen Folgen. Wenn das Schicksal die weiße Rasse einen anderen Weg gehen ließ, dann nur deshalb, weil diese weiße Rasse überzeugt war, ein Recht zu besitzen, die übrige Welt zu organisieren. Ganz gleichgültig, wie sich im Einzelnen dieses Recht nach außen vertarnte – in der Praxis war es die Ausübung eines außerordentlich brutalen Herrenrechtes. Aus dieser politischen Auffassung heraus erwuchs der Boden für die wirtschaftliche Besitzergreifung der anderen Welt.«

Deutschland müsse »die politischen Möglichkeiten wahrnehmen, die – weitschauend in die Zukunft – das deutsche Leben wieder auf eine natürliche und tragfähige Basis stellen: entweder neuen Lebensraum mit Ausbau eines großen Binnenmarktes oder Schutz der deutschen Wirtschaft nach außen unter Einsatz der zusammengeballten deutschen Kraft. Die Arbeitskraft unseres Volkes, die Fähigkeiten sind vorhanden, niemand kann unseren Fleiß bestreiten. Die politischen Voraussetzungen aber müssen erst wieder gestaltet werden; ohne sie werden Fleiß und Fähigkeit, Arbeitsamkeit und Sparsamkeit am Ende doch vergeblich sein. Denn eine unterdrückte Nation wird selbst die Ergebnisse ihrer Sparsamkeit nicht dem eigenen Wohl zuführen können, sondern auf dem Altar der Erpressungen, der Tribute, zum Opfer bringen müssen. So sehe ich denn das Mittel des deutschen Wiederaufstiegs im Unterschied zu unserer offiziellen Regierung nicht im Primat der deutschen Außenpolitik, sondern im Primat der Wiederherstellung eines gesunden, nationalen und schlagkräftigen deutschen Volkskörpers. … unduldsam gegen jeden, der sich an der Nation und ihren Interessen versündigt, unduldsam gegen jeden, der ihre Lebensinteressen nicht anerkennt oder sich gegen sie stellt, unduldsam und unerbittlich gegen jeden, der diesen Volkskörper wieder zu zerstören und zu zersetzen trachtet«

Quelle: zit. nach der Ausgabe im Franz-Eher-Verlag, die als Datum 27. Januar 1932 angibt, https://www.deutsche-digitale-bibliothek.de/item/CJEYDTL7P2ECXR53OAX-FRTI7QWKYJVXS

Dokument 10
Der Keppler-Kreis

Der »Keppler-Kreis« entstand im Frühjahr 1932 als »Studienkreis für Wirtschaftsfragen«. Er beschäftigte sich mit der Erstellung von Wirtschafts- und Finanzprogrammen für die NSDAP. In drei Unterausschüssen (Finanz-, Industrie- und allgemeine Wirtschaftsfragen) wurden Denkschriften entworfen. Der »Keppler-Kreis« kam am 20. Juni 1932 im Hotel »Kaiserhof« in Berlin zu einem Treffen mit Adolf Hitler zusammen. Hier redete der »Führer« der NSDAP in kleinem Kreis Klartext. Er wolle im von ihm angestrebten »Dritten Reich« die Organisationen der Arbeiterbewegung endgültig zerschlagen, die bürgerlichen Parteien verbieten, so dass in Deutschland künftighin nur die NSDAP existieren werde, und mit groß angelegten Rüstungen beginnen. In einer eidesstattlichen Erklärung für das Nürnberger Kriegsverbrechertribunal betonte Keppler im September 1946, dass niemand aus dem Kreis Einwände gegen diese Zielvorstellungen erhob. Im Gegenteil. Man drückte die »Besorgnis aus, dass es ihm (Hitler; U. Sch.] nicht gelingen werde, diese hervorragenden Ideen in die Tat umzusetzen.« Vom Keppler-Kreis ging auch die Initiative zur Industrielleneingabe vom 19. November 1932 aus. Nach 1933 firmierte die Gruppe als »Freundeskreis der Wirtschaft beim Reichsführer SS Himmler« und umfasste – als exklusive Vereinigung von Industriellen und Bankiers – nur etwa 50 Namen.

Der ursprüngliche Keppler-Kreis hatte folgende Mitglieder:

- Wilhelm Keppler, Mitglied der NSDAP seit 1927,
- Hjalmar Schacht, Reichsbankpräsident
- Albert Vögler, Vereinigte Stahlwerke AG
- Friedrich Reinhart, Aufsichtsratsvorsitzender Commerzbank
- Ewald Hecker, Ilseder Hütte
- August Rosterg, Kali-Konzern Wintershall AG
- Kurt Freiherr von Schröder, Bankhaus Schröder
- Emil Heinrich Meyer, Vorstandsmitglied der Dresdner Bank
- Franz Heinrich Witthoefft, Vorsitzender des Aufsichtsrats der Commerz- und Privatbank
- Emil Helfferich, Aufsichtsratsvorsitzender der Hapag (Reederei), Direktor der DAPG (Esso)
- Leopold Plaichinger, Mitarbeiter von Wilhelm Keppler aus den Odin-Werken
- Max Luyken, SA-Gruppenführer in Düsseldorf
- Gottfried von Bismarck-Schönhausen, Reichsverband der Deutschen Industrie

Weiterführende Hinweise: http://www.verbrechen-der-wirtschaft.de/texte/0065_keppler-kreis.htm. Eberhard Czichon, Wer verhalf Hitler zur Macht. Zum Anteil der deutschen Industrie an der Zerstörung der Weimarer Republik, Köln 1978[5]

Dokument 11

Die Reichstagswahlen 1932

31. Juli 1932

Partei	Stimmen	in %	±	Sitze	±
NSDAP	13.745.680	37,3 %	+19,0 %	230	+132
SPD	7.959.712	21,6 %	−2,9 %	133	−10
KPD	5.282.636	14,3 %	+1,2 %	89	+12
Zentrum	4.589.430	12,4 %	+0,6 %	75	+7
DNVP	2.178.024	5,9 %	−1,1 %	37	−4
BVP	1.192.684	3,2 %	+0,2 %	22	+3
DVP	436.002	1,2 %	−3,3 %	7	−23
Deutsche Staatspartei (DStP, vorher DDP)	373.339	1,0 %	−2,8 %	4	−16
CSVD (Christlich-Sozialer Volksdienst)	364.543	1,0 %	−1,5 %	3	−11
Reichspartei des deutschen Mittelstandes (»WP«)	146.876	0,4 %	−3,5 %	2	−21
Deutsche Bauernpartei (DBP)	137.133	0,4 %	−0,6 %	2	−4
Landbund	96.851	0,3 %	−0,3 %	2	−1
Deutsches Landvolk	90.554	0,2 %	−3,0 %	1	−18
Reichspartei für Volksrecht und Aufwertung (Volksrechtpartei)	40.825	0,1 %	−0,7 %	1	+1
Sonstige	248.065	0,7 %	−1,8 %	0	−7
Gesamt	36.882.354	100 %		608	+31

Quelle: https://de.wikipedia.org/wiki/Reichstagswahl_Juli_1932

6. November 1932

Partei	Stimmen	in %	±	Sitze	±
NSDAP	11.737.021	33,1 %	–4,2 %	196	–34
SPD	7.247.901	20,4 %	–1,2 %	121	–12
KPD	5.980.239	16,9 %	+2,6 %	100	+11
Zentrum	4.230.545	11,9 %	–0,5 %	70	–5
DNVP	2.959.053	8,3 %	+2,4 %	51	+14
BVP	1.094.597	3,1 %	-0,1 %	20	–2
DVP	660.889	1,9 %	+0,7 %	11	+4
CSVD	403.666	1,1 %	+0,1 %	5	+2
DStP (vorher DDP)	336.447	1,0 %	±0	2	–2
DBP	149.026	0,4 %	±0	3	+1
Reichspartei des deutschen Mittelstandes (»WP«)	110.309	0,3 %	–0,1 %	1	–1
Württembergischer Bauern- und Weingärtnerbund (Landbund)	105.220	0,3 %	±0	2	±0
Deutsch-Hannoversche Partei (DHP)	63.966	0,2 %	+0,1 %	1	+1
Thüringer Landbund	60.062	0,2 %	+0,2 %	1	+1
Deutsches Landvolk	90.554	0,2 %	–3,0 %	1	–18
Sonstige	391.846	1,1 %	+0,4 %	0	–2
Gesamt	35.470.788	100 %		584	-24

Quelle: https://de.wikipedia.org/wiki/Reichstagswahl_November_1932

Dokument 12

Eingabe deutscher Industrieller, Bankiers und Großagrarier an Hindenburg (Industrielleneingabe)

19. November 1932

Ew. Exzellenz,

Hochzuverehrender Herr Reichspräsident,

Gleich Eurer Exzellenz durchdrungen von heißer Liebe zum Deutschen Volk und Vaterland, haben die Unterzeichneten die grundsätzliche Wandlung, die Eure Exzellenz in der Führung der Staatsgeschäfte angebahnt haben, mit Hoffnung begrüßt. Mit Eurer Exzellenz bejahen wir die Notwendigkeit einer vom parlamentarischen Parteiwesen unabhängigeren Regierung, wie sie in dem von Eurer Exzellenz formulierten Gedanken eines Präsidialkabinetts zum Ausdruck kommt.

Der Ausgang der Reichstagswahl vom 6. November d.J. hat gezeigt, dass das derzeitige Kabinett, dessen aufrechten Willen niemand im deutschen Volke bezweifelt, für den von ihm eingeschlagenen Weg keine ausreichende Stütze im deutschen Volke gefunden hat, dass aber das von Euer Exzellenz gezeigte Ziel eine volle Mehrheit im deutschen Volke besitzt, wenn man – wie es geschehen muss – von der staatsverneinenden kommunistischen Partei absieht. Gegen das bisherige parlamentarische Parteiregime sind nicht nur die Deutschnationale Volkspartei und die ihr nahestehenden kleineren Gruppen, sondern auch die Nationalsozialistische Deutsche Arbeiterpartei grundsätzlich eingestellt und haben damit das Ziel Eurer Exzellenz bejaht. Wir halten dieses Ergebnis für außerordentlich erfreulich und können uns nicht vorstellen, dass die Verwirklichung des Zieles nunmehr an der Beibehaltung einer unwirksamen Methode scheitern sollte.

Es ist klar, dass eine, des Öfteren wiederholte, Reichstagsauflösung mit sich häufenden, den Parteikampf immer weiter zuspitzenden Neuwahlen nicht nur einer politischen, sondern auch jeder wirtschaftlichen Beruhigung und Festigung entgegenwirken muss. Es ist aber auch klar, dass jede Verfassungsänderung, die nicht von breitester Volksströmung getragen ist, noch schlimmere wirtschaftliche, politische und seelische Wirkungen auslösen wird.

Wir erachten es deshalb für unsere Gewissenspflicht, Eure Exzellenz ehrerbietigst zu bitten, dass zur Erreichung des von uns allen unterstützten Zieles Eurer Exzellenz die Umgestaltung des Reichskabinetts in einer Weise erfolgen möge, die die größtmögliche Volkskraft hinter das Kabinett bringt.

Wir bekennen uns frei von jeder engen parteipolitischen Einstellung. Wir erkennen in der nationalen Bewegung, die durch unser Volk geht, den verheißungsvollen Beginn einer Zeit, die durch Überwindung des Klassengegensatzes die unerlässliche Grundlage für einen Wiederaufstieg der deutschen Wirtschaft erst schafft. Wir wissen, dass dieser Aufstieg noch viele Opfer erfordert. Wir glauben, dass diese Opfer nur dann willig gebracht werden können, wenn die größte Gruppe dieser nationalen Bewegung führend an der Regierung beteiligt wird.

Die Übertragung der verantwortlichen Leitung eines mit den besten sachlichen und persönlichen Kräften ausgestatteten Präsidialkabinetts an den Führer der größten nationalen Gruppe wird die Schlacken und Fehler, die jeder Massenbewegung notgedrungen anhaften, ausmerzen und Millionen Menschen, die heute abseits stehen, zu bejahender Kraft mitreißen.

In vollem Vertrauen zu Eurer Exzellenz Weisheit und Eurer Exzellenz Gefühl der Volksverbundenheit begrüßen wir Euer Exzellenz

mit größter Ehrerbietung

- Hjalmar Schacht (ehemaliger Reichsbankpräsident, Mitglied im Keppler-Kreis)
- Fritz Thyssen (Aufsichtsratsvorsitzender der Vereinigten Stahlwerke AG)
- Friedrich Reinhart (Direktor der Commerzbank, Präsident der Berliner Industrie- und Handelskammer, Mitglied im Keppler-Kreis)
- August Rosterg (Generaldirektor der Wintershall AG, Mitglied im Keppler-Kreis)
- Kurt Freiherr von Schröder, (Kölner Privatbankier mit Aufsichtsratsposten in der I. G. Farben, Mitglied im Keppler-Kreis, Mitglied des Deutschen Herrenklubs)
- Senator Fritz Beindorff (Direktor und Besitzer der Pelikan AG, im Aufsichtsrat der Deutschen Bank)
- Emil Helfferich (Aufsichtsratsvorsitzender der HAPAG, Mitglied im Keppler-Kreis)
- Franz Heinrich Witthoefft (Aufsichtsratsvorsitzender der Com-

merzbank, Präsident der Handelskammer Hamburg, Mitglied im Keppler-Kreis)

- Engelbert Beckmann (Vorsitzender der Rheinischen Landesbank)
- Ewald Hecker (Aufsichtsratsmitglied der Commerzbank, Präsident der Industrie- und Handelskammer Hannover, Mitglied im Keppler-Kreis, Vorsitzender des Aufsichtsrates der Ilseder Hütte)
- Kurt Woermann (Aufsichtsratsmitglied der Commerzbank, mittelständischer Reeder aus Hamburg und Mitglied der NSDAP)
- Carl Vincent Krogmann (Mitinhaber der angesehenen Hamburger Bank, der Reederei und des Handelshauses Wachsmuth und Krogmann, Vorstandsmitglied des Hamburger Nationalklubs, Mitglied der Handelskammer Hamburg und Mitglied im Keppler-Kreis)
- Kurt von Eichborn (Teilhaber einer Breslauer Privatbank)
- Eberhard Graf von Kalckreuth (Präsident des Reichslandbundes, Mitglied des Deutschen Herrenklubs)
- Robert Graf von Keyserlingk-Cammerau (Vertreter der Landwirtschaft, Geheimer Oberregierungsrat, Mitglied des Deutschen Herrenklubs)
- Erich Lübbert (Generaldirektor der Dywidag, Vorsitzender der AG für Verkehrswesen, Mitglied im Wirtschaftsrat des »Stahlhelm«)
- Erwin Merck (Hamburger Unternehmer)
- Joachim von Oppen (Vertreter der Landwirtschaft)
- Kurt Gustav Ernst von Rohr-Manze (Vertreter der Großgrundbesitzer)
- Rudolf Ventzki (Generaldirektor der Maschinenfabrik Esslingen)

Auf dem in den Akten des Büros des Reichspräsidenten befindlichen Exemplar des Briefs fehlen die Unterschriften von Thyssen, Beckmann, Keyserlingk-Cammerau und Rohr-Manze, sie wurden nachgereicht.

Quelle: Büro des Reichspräsidenten, Abt. B/III, Bd. 47, Bl. 259/260, abgedruckt in: Neue Gesellschaft für Bildende Kunst und das Kunstamt Kreuzberg (Hg.): Renzo Vespignani: Über den Faschismus. Berlin 1976, S. 11

Kapitel 4

Die antifaschistischen Kräfte

Durch den Vormarsch der faschistischen Kräfte, den fortschreitenden Abbau von Demokratie und parlamentarischem System und den gleichzeitigen massiven Sozialabbau durch die Brüning-Regierung waren die Arbeiterparteien und Gewerkschaften in vielfältiger Form herausgefordert.

Die grundsätzlichen politischen Konflikte zwischen den Hauptrichtungen der deutschen Arbeiterbewegung, die mit dem Rätesystem verbundene revolutionäre Linie der KPD und die auf das parlamentarische System fixierte reformistische der SPD überlagerte die Versuche der Gemeinsamkeit antifaschistischer Kräfte. Zwar formulierten beide Parteien in Erklärungen, dass nur die Einheit der arbeitenden Menschen den Vormarsch des Faschismus stoppen könne. Doch in der alltäglichen politischen Praxis wirkten beispielsweise die »Sozialfaschismus-These« der KPD, die die SPD und die von dieser dominierte »reformistische Gewerkschaftsbürokratie« als Haupthindernis auf dem Weg zum Sozialismus ansahen, und andererseits die Ablehnung jeglicher revolutionärer Veränderung seitens der SPD (man sei »Arzt am Krankenbett des Kapitalismus«) als Hindernis für die Schaffung dieser Einheit.

Gemeinsames Handeln ergab sich vor allem vor Ort als Reaktion auf gewalttätige Angriffe der SA auf linke Versammlungen oder Arbeiterwohngebiete. Zum Schutz vor faschistischen Übergriffen bildeten die jeweiligen politischen Richtungen der Arbeiterbewegung eigene Abwehrorganisationen.

Die KPD gründete im September 1930 nach dem Verbot des »Roten Frontkämpfer Bundes (RFB)« durch den sozialdemokratischen Reichsinnenminister Severing den »Kampfbund gegen den Faschismus« als »überparteiliche proletarische Massenorganisation zum Kampf gegen den Faschismus in allen seinen Erscheinungsformen, insbesondere gegen den Nationalsozialismus«, wie es in einer Selbstdarstellung heißt.

Damit entstand eine antifaschistische Selbstschutzorganisation im Reichsmaßstab, die zeitweise 100.000 Mitglieder hatte. Sie war in über 1500 Ortsgruppen organisiert und verfügte über mehr als 100 Betriebsstaffeln in verschiedenen Großbetrieben. Aufgabe war es, der immer gewalttätiger auftretenden SA als »roter Massenselbstschutz« entgegenzutreten. Mitglieder des Kampfbundes sicherten öffentliche Versammlungen der KPD und waren in handfeste Auseinandersetzungen mit Provokationen der SA in Arbeiterwohngebieten verwickelt. Da es nicht gelang, den Kreis der Mitglieder weit über den Rahmen der KPD-Anhänger hinaus auszudehnen, wurde im Juli 1932 auf Initiative der KPD die überparteilich angelegte »Antifaschistische Aktion« als politische Bewegung geschaffen. *(Dokument 14)*

Unter der Losung »Schafft die rote Einheitsfront gegen den faschistischen Mordterror, für die Gewinnung der von den Kapitalistenknechten irregeführten Massen, für die antifaschistische Volksaktion!« wurde der antifaschistische Kampf mit den sozialpolitischen Auseinandersetzungen verknüpft und damit auch das Ziel der »Zurückeroberung von betrogenen Werktätigen« verfolgt. Mit dieser Strategie verband sich nicht nur Aufklärungsarbeit, sondern insbesondere ein aktives sozialpolitisches Handeln, mit Streiks, der Mobilisierung der Erwerbslosen, Aktionen vor den Stempelstellen der Arbeitsämter oder mit »Landagitation« und Einsätzen für die von Zwangsversteigerung bedrohten Kleinbauern. Nach Überzeugung der KPD bedeutete konsequenter antifaschistischer Kampf immer auch Kampf um die Verbesserung der Lebenssituation der Lohnabhängigen und anderer Werktätigen, indem gegen Lohnkürzungen, Streichungen der Erwerbslosenhilfe oder sonstige Maßnahmen des Sozialabbaus gekämpft wurde. Insbesondere Erwerbslose oder Kleinbauern sollten durch diese Erfahrungen im Kampf um ihre eigenen Interessen gegen die Volksgemeinschaftspropaganda immunisiert werden, um nicht den einfachen Propagandaparolen der Nazis zu folgen.

Auch innerhalb der sozialdemokratischen und freigewerkschaftlichen Strömung der Arbeiterbewegung entwickelten sich antifaschistische Organisationsstrukturen. Basierend auf dem sozialdemokratischen Schutzverband »Reichsbanner Schwarz-Rot-Gold«, dessen »Schutzformationen« (Schufos) ebenfalls zur Sicherung des öffentlichen Auftretens der Partei eingesetzt wurden, wurde im Dezember 1931 die »Eiserne Front« gegründet. In dem Gründungsaufruf *(Dokument 13)* hieß es: »Neben die Einheiten des Reichsbanners Schwarz-Rot-Gold traten die Arbeitersportler, und in den Betrieben formieren sich alle freiheitlich gesinnten Gewerkschafter als »Hammerschaften« der Eisernen Front. Eine Millionenarmee – nicht für gewaltsame Angriffe, sondern wider alle Bürgerkriegspläne!« Das Verbandslogo mit seinen drei Pfeilen visualisierte die politische Zielrichtung gegen die – aus der Sicht der SPD – »drei Hauptfeinde der Weimarer Republik« (Kommunisten, Monarchisten, Nationalsozialisten). In dieser Symbolik verbanden SPD und Gewerkschaften ihre Nazigegnerschaft mit ihrem grundlegenden Antikommunismus. Dies sollte sich – wie auf der anderen Seite die Sozialfaschismusthese der KPD – als grundsätzliche Barriere einer gemeinsamen Abwehrfront erweisen.

Die unterschiedliche Strategie und Ablehnung einer antifaschistischen Einheit zeigte sich Mitte Juli 1932. Als es am 20. Juli 1932 darum ging, Widerstand gegen die verfassungswidrige Absetzung der sozialdemokratisch geführten Landesregierung von Preußen durch den Reichskanzler von Papen (»Preußenschlag«) zu leisten, orientierte die KPD auf einen Generalstreik und forderte die SPD auf, diesen gemeinsam zu organisieren, während SPD und »Eiserne Front«, die sich zwar die Verteidigung der Republik auf die Fahne geschrieben hatten, dieses Angebot zurückwiesen und stattdessen den Staatsgerichtshof in Leipzig anriefen. Zudem rief die SPD dazu auf, die Antwort bei der Reichstagswahl am 31. Juli mit dem Stimmzettel zu geben. Dieses tatenlose Stillhalten, als die letzte »sozialdemokratische Bastion« im Deutschen Reich beseitigt wurde, führte zur Resignation und Demobilisierung vieler Mitglieder und Anhänger der SPD und zu einem deutlichen Rückgang der Akzeptanz der »Eisernen Front«.

Auch andere demokratische Kräfte, Theoretiker und Publizisten, riefen zum Widerstand gegen die faschistische Gefahr auf. Besonders weitsichtig waren Autoren aus dem Umfeld der Zeitschrift *Die Weltbühne*, die zwar nur einen relativ begrenzten Verbreitungsgrad hatte, jedoch mit hoher Klarheit und analytischer Schärfe die Notwendigkeit der antifaschistischen Einheit betonte. Beispielsweise formulierte *Die Weltbühne* am 13. September 1932: »So wächst innerhalb der Arbeiterschaft selbst der Drang nach Einheitsfront und so werden die Bureaukraten der großen Arbeiterparteien durch die elementare Wucht der Ereignisse gezwungen, zu diesem Einheitswillen der Arbeitermassen Stellung zu nehmen.« Dabei appellierte sie an beide Arbeiterparteien und beschrieb als Charakteristika dieser »Einheit« den Verzicht auf ideologische Dominanz, jedoch nicht auf politische Klarheit. Diesen Unterschied verstanden die politisch führenden Kräfte in den Arbeiterorganisationen nicht, auch wenn sie selber ebenfalls von »Einheit« und »Einheitsfront«-Politik sprachen. »SPD und KPD in einer gemeinsamen Front, das würde auf Hunderttausende, auf Millionen wie eine Fanfare wirken, das würde die Strömungen der Mutlosigkeit, der Passivität, der Depression unterbrechen, das würde den Beginn einer Wende bedeuten.«

Und in der Tat zeigten sich insbesondere seit Ende 1931 an der lokalen Basis der Arbeiterorganisationen immer wieder Beispiele für eine gelungene Aktionseinheit zur gemeinsamen Abwehr, wie das Reichsinnenministerium besorgt in einem Lagebericht vom Juli 1932 feststellen musste. »Im ganzen Reiche gehen die praktischen

Einheitsfrontaktionen weiter. SPD-Betriebsräte erscheinen als Delegierte ihrer Kameraden in kommunistischen Versammlungen; in Duisburg erörterten Funktionäre der Eisernen Front im Parteibüro der KPD Einheitsfrontmaßnahmen.« *(Dokument 16)* Auch gemeinsame Aktionen zur Abwehr faschistischer Provokationen fanden statt, wie z. B. eine Massendemonstration von 20.000 Arbeitern in Kassel gegen einen NSDAP–Übergriff. Doch die meisten dieser Initiativen waren nicht von Dauer.

Zu einem grundsätzlichen Konflikt zwischen den Arbeiterparteien kam es unmittelbar vor den Reichstagswahlen vom 6. November 1932 beim Berliner Verkehrsarbeiter-Streik. Während SPD und Gewerkschaften einer Lohnkürzung zugestimmt hatten, wobei sie bemüht waren, deren Höhe zu begrenzen, führte dies zu Protesten in der Belegschaft und zum Streik, der von der mit der KPD verbundenen RGO (»Revolutionäre Gewerkschafts-Opposition«) initiiert wurde. Während SPD und ADGB diesen Streik ablehnten, unterstützte die im Betrieb vertretene NSBO (»Nationalsozialistische Betriebszellenorganisation«) diesen Streik. Deren Intention bei dieser einzigen und vorübergehenden Streikbeteiligung der Nazis war die Gewinnung von organisierten Arbeitern und ein Einbruch in die Basis der Arbeiterorganisationen. Dieses Kalkül der Nazis ging nicht auf, wie insbesondere die Ergebnisse der Reichstagswahlen vom 6. November in Berlin zeigten, wo die NSDAP deutlich verlor. Für die SPD und die Gewerkschaften galt aber der BVG-Streik fortan als Vorzeigebeispiel einer angeblichen Gemeinsamkeit von »Nazis« und »Kozis«, so dass jegliche Zusammenarbeit mit der KPD abzulehnen sei. *(Dokument 17)*

Trotz vieler regionaler Beispiele gemeinsamen Handelns gab es keine grundsätzliche Umkehr innerhalb der Leitungen der Arbeiterparteien. Grund dafür war die unterschiedliche Einschätzung der Bedrohung durch eine mögliche Regierung mit NSDAP-Beteiligung und zum anderen die Frage, auf welcher politischen Ebene die Auseinandersetzung mit den Nazis geführt werden müsse. »Wir verlassen nicht den Weg des Rechts!« So lautete die Leitlinie der

SPD-Führung auch dann noch, als ihre Gegner diesen Weg längst verlassen hatten. Dass dies eine völlige Verkennung der Zielsetzung der Nazis war, die sämtliche Regeln des Rechtsstaates aufheben wollten, liegt aus heutiger Perspektive auf der Hand. Aber auch schon damals war es – wie nicht zuletzt zahlreiche Warnungen beweisen – ein Ausdruck von Illusionen über die Wirksamkeit von bloßen Verfassungsnormen gegenüber einer Herrschaft, die von Anfang an den Rechtsbruch anstrebte. Dies hätte man aus den Erfahrungen mit Länderregierungen, an denen die NSDAP beteiligt war, vor allem in Thüringen, sehen können.

Außerhalb der politischen Hauptkräfte der Arbeiterbewegung fanden sich Gruppen und Organisationen, die sich für eine parteiübergreifende antifaschistische Einheit einsetzten. So startete der »Internationaler Sozialistischer Kampfbund« (ISK), eine von der SPD abgespaltene Kleingruppe, anlässlich der Reichstagswahl 1932 einen »Dringenden Appell« *(Dokument 18)* mit der Botschaft: »Die Vernichtung aller persönlichen und politischen Freiheit in Deutschland steht unmittelbar bevor, wenn es nicht in letzter Minute gelingt, unbeschadet von Prinzipiengegensätzen alle Kräfte zusammenzufassen, die in der Ablehnung des Faschismus einig sind.« Dieser Appell ist besonders deshalb erwähnenswert, weil er von zahlreichen berühmten Schriftstellern, Künstlern, Wissenschaftlern und anderen Persönlichkeiten des öffentlichen Lebens wie Albert Einstein, Emil J. Gumbel, Erich Kästner, Käthe Kollwitz, Heinrich Mann, Helene Stöcker, Ernst Toller oder Arnold Zweig unterzeichnet wurde. Seine Wirkung blieb begrenzt, wie die Wahlresultate zeigten. Er wurde als symbolische Aktion im März 1933 noch einmal veröffentlicht.

Im Ergebnis lässt sich festhalten: Das Handeln der antifaschistischen Kräfte in der Weimarer Zeit manifestierte sich immer wieder in Massenaktionen, die insbesondere von den Organisationen der Arbeiterbewegung getragen waren. Noch in den letzten Tagen der Weimarer Republik zeigte die KPD mit einem eindrucksvollen Aufmarsch gegen die Provokationen der SA vor dem Karl-Liebknecht-Haus, dem Sitz des ZK der KPD, der selbst von der SPD mit Hochachtung wahrgenommen wurde, ihre Aktionsbereitschaft. *(Dokument 19)* Sie reichten jedoch nicht aus, den Vormarsch der Naziorganisationen und die Machtübertragung an die NSDAP zu verhindern. Die ideologischen Auseinandersetzungen und die tiefgehenden ideologischen Konflikte zwischen KPD und SPD blockierten – trotz etlicher Ansätze an deren Basis – die notwendige umfassende antifaschistische Aktionseinheit.

***

Dokument 13

Gründungsaufruf der »Eisernen Front«

25. Januar 1932 (Auszug)

Vorbei sind die Monate der bloßen Verteidigung und Abwehr! Das Deutschland der Republik und Demokratie steht auf für Volksrechte gegen Diktatur. Widerstandswillen ist aufgeflammt in allen deutschen Gauen. Es hat keiner Propagandakünste und keiner Befehle bedurft. Ein Anstoß – wenige organisatorische Hammerschläge genügten: in Stadt und Land wuchs empor die Eiserne Front für Volksrechte gegen Diktatur! Neben die Einheiten des Reichsbanners Schwarz-Rot-Gold traten die Arbeitersportler, und in den Betrieben formieren sich alle freiheitlich gesinnten Gewerkschafter als »Hammerschaften« der Eisernen Front. Eine Millionenarmee – nicht für gewaltsame Angriffe, sondern wider alle Bürgerkriegspläne! Die Existenz dieser durch eine wahre Volkserhebung aufgerichteten Eisernen Front muss jeden Gedanken auf Raub politischer, gewerkschaftlicher und kultureller Freiheiten ersticken.

Die Eiserne Front ist keine Parteisache und will nicht eine sein. Ihr Dienst gilt der bedrohten Freiheit des deutschen Volkes, der Erfüllung der Verheißungen in der Verfassung von Weimar.

Viele bittere Tage, harte Wochen und schwere Monate der Abwehr und des Ausharrens liegen hinter uns. Bis in die Fundamente hat eine unerhörte Krise die deutsche Wirtschaft erschüttert, Industrie, Handel und Gewerbe sowohl wie Landwirtschaft. Millionen der besten deutschen Arbeiter, darunter hunderttausend Kriegsteilnehmer, stehen an den Stempelstellen; mit ihnen sind hochqualifizierte Angestellte, Techniker und Ingenieure zu qualvollem Feiern müssen verurteilt. …

Diese Zeit der Not wird seit Jahr und Tag verlängert und verschärft von herrschsüchtigen Egoisten, die für die Massen des Volkes zu Arbeitslosigkeit, zu Lohn- und Gehaltsabbau auch noch den Raub der Rechte eines freien Staatsbürgers fügen wollen. Mit Millionen, die von Lohn und Gehalt abgezogen wurden, sind Bürgerkriegsarmeen aufgestellt und ausgerüstet worden, werden ganz Schwärme von Schwadroneuren durch Stadt und Land geschickt, wird Propaganda bezahlt, die als »Retter« die Verderber Deutschlands anpreist.

Der Kampf Deutschlands um Aufhebung der würgenden Reparationszahlungen ist jenen Leuten nur ein Mittel zur innenpolitischen Verhetzung. Ein Volk, das sich durch Drohung mit Gewalt und bezahlte Demagogie das Recht der Selbstregierung nehmen lässt, wird nie die äußere Freiheit erringen und erhalten können.

Im Hitlerismus hat sich diese wirre Zeit einen gewalttätigen Götzen gegeben. Scharlatane fordern die unumschränkte Herrschaft über Leben und Tod, Arbeitskraft und Eigentum aller Deutschen. Nicht die Spur einer schöpferischen Idee – nichts weiter als Blutphantasien hat der sogenannte Nationalsozialismus aus eigenem hervorgebracht. … Gewaltige Geldmittel stehen den Feinden des Staates von Weimar zur Verfügung. Sie hoffen, durch Riesenaufwand an Propaganda die Demokratie niederringen zu können. Auch diese Spekulation wird und muss fehlschlagen. … Es gilt, der Zerstörung von Deutschlands letzter Wirtschaftskraft Einhalt zu tun; jetzt heißt es, die gewaltigen Energien, die allein die Demokratie zu entfesseln vermag, für die wirtschaftliche Gesundung Deutschlands einzusetzen. Voraussetzung dafür ist der Sieg der politischen Vernunft über die Propheten des Chaos.

- Eiserne Front für soziale Gerechtigkeit! Eiserne Front für wirtschaftliche Gesundung!
- Eiserne Front für außenpolitische Freiheit, Frieden und Völkerverständigung!
- Eiserne Front wider alle Feinde der demokratischen Republik!
- Eiserne Front für Volksrechte, gegen Diktatur!

Quelle:
Vossische Zeitung vom 26. Januar 1932 – Morgen-Ausgabe

Dokument 14

Manifest des Kongresses der Antifaschistischen Aktion des Bezirks Hessen-Frankfurt

Darmstadt, 12. Juni 1932 (Auszug)

Wir 1550 Delegierte und Gastdelegierte des Kampfkongresses der Antifaschistischen Aktion rufen euch zum Anschluss an die rote Einheitsfront der Arbeiter, Angestellten und unteren Beamten, der schaffenden Bauern und werktätigen Mittelständler. ... Unter uns sind 165 Betriebsdelegierte aus 45 Groß- und Mittelbetrieben und 41 Kleinbetrieben sowie 552 Erwerbslose; 44 Mitglieder der SPD, 27 Mitglieder der SAP, 379 Mitglieder der KPD; 152 Mitglieder der freien Gewerkschaften, 191 Mitglieder der RGO, 3 christlich organisierte Arbeiter; 1 Mitglied der NSDAP; 19 Jungarbeiter der SAJ und des SJV; 172 Frauen, 6 schaffende Bauern, 20 werktätige Mittelständler; 7 Studenten. Wir geben euch allen damit ein Vorbild für den Zusammenschluss in der roten Einheitsfront für die Antifaschistische Aktion.

Unsere Antifaschistische Aktion soll eine Massenbewegung aller Schaffenden gegen die faschistisch-chauvinistische Welle erzeugen. Wir wollen den Massenkampf gegen die Unterjochung und Ausbeutung aller Arbeiter und Werktätigen organisieren. Wir wollen den Terror der faschistischen bezahlten Soldknechte des Kapitals unmöglich machen. Wir wollen Lohn- und Unterstützungsraub durchkreuzen. ... Wir wollen, dass die werktätigen Massen nicht erneut das Opfer eines Weltkrieges, den das internationale Kapital gegen die Sowjetunion führen will, werden. Wir wollen an die Stelle der kapitalistischen Knechtschaft die sozialistische Ordnung setzen. Statt Hunger, Not und Elend sollen die Massen Brot und Arbeit haben. Statt der Diktatur der Großausbeuter, der Kapitalisten, der Bankiers, der Großagrarier, der Generäle wollen wir die Arbeiter-und-Bauern-Regierung, die Herrschaft der Arbeiter im Bunde mit allen Werktätigen.

...

Schafft die rote Einheitsfront gegen den faschistischen Mordterror, für die Gewinnung der von den Kapitalistenknechten irregeführten Massen, für die antifaschistische Volksaktion! Baut überall den proletarischen Massenselbstschutz zur Sicherung des Lebens und der Einrichtungen der Arbeiter auf! ... Durch die rote Einheitsfront an allen Frontabschnitten wird die Arbeiterklasse im Bunde mit den übrigen werktätigen Schichten die Stärke erreichen, die die weitere Faschisierung unmöglich macht, die den Faschismus aufs Haupt schlägt und den Weg bahnt für die proletarische Offensive. Von diesem Kongress aus organisiert in jedem Betrieb, an jeder Stempelstelle, auf jedem Gut, in jedem Dorf antifaschistische Kundgebungen!

(Anmerkung: Im Sinne der Gewinnung der proletarischen Anhänger der NSDAP wurde auch ein – noch – Mitglied der NSDAP unter den Teilnehmenden vermerkt)

Quelle: Arbeiter-Zeitung, 13. Juni 1932,
zit. nach Die Antifaschistische Aktion, Berlin 1965, S. 97ff

Dokument 15

Der Weg zur Einheit

Von Hanns-Erich Kaminski

Ist die deutsche Linke nur ein imaginäres Gebilde, ein literarischer Begriff, eine politische Konstruktion? Nein und dreimal nein! Sie ist organisatorisch gespalten, durch Parteikämpfe verfeindet, und wer sie nur von weitem betrachtet und folglich nur ihre Spitzen sieht, dem mag es scheinen, als sei die Entfernung zwischen ihren einzelnen Teilen unendlich groß. Dennoch ist die Spannung zwischen den Massen sehr viel kleiner als zwischen den Führern. Vor allem in der Arbeiterschaft wächst die Sehnsucht nach Aktivität und die Überzeugung, dass sie nicht erfolgreich sein kann ohne Einheit.

Was sollen wir tun, um dieses Ziel zu erreichen? Sollen wir aus unsern Parteien, die die Spaltung konservieren, austreten und uns andern, einheitsfreudigeren Gruppen anschließen? Oder sollen wir auf den Wunsch zur Einheit verzichten, der unsern Wunsch zur Aktivität lediglich verdächtig macht? Und ist Aktivität ohne Einheit überhaupt möglich? …

Zunächst freilich muss man den Begriff der Einheit klären. Ja, es gibt eine deutsche Linke, aber gemeinsam ist ihr nur das Gefühl, ein Ganzes zu bilden, als ein Ganzes angegriffen zu sein und sich als ein Ganzes verteidigen zu müssen. Zu welchem Ziel und mit welchen Methoden ihr Kampf geführt werden soll, ist jedoch unklar, es gibt darüber mindestens zwei gänzlich verschiedene Auffassungen, nämlich die kommunistische und die sozialdemokratische. Die Anschauung, die beiden Parteien bräuchten sich nur zu verschmelzen, damit alles gut werde, ist darum rein sentimentaler Natur.

Der Gegensatz zwischen der Idee der demokratischen Reform, die die SPD, und der bolschewistischen Revolution, die die KPD vertritt, ist nicht von ungefähr entstanden, Er ist keine Folge von Missverständnissen oder bösem Willen, er beruht vielmehr auf einer grundsätzlich verschiedenen Einschätzung unsrer Epoche, Dieser Gegensatz kann nicht verwischt, er muss ausgetragen werden. Wäre eine Verschmelzung der beiden Parteien überhaupt möglich, so würden die Auseinandersetzungen, die jetzt von Partei zu Partei geführt werden, dadurch nur in die Gesamtpartei verlegt werden. Das unvermeidliche Ergebnis aber wäre, dass diese Gesamtpartei erst recht aktionsunfähig wäre. Die Forderung der Einheit durch Verschmelzung ist also sinnlos.

Womöglich noch unfruchtbarer ist die offiziell von den Parteien verfochtene Meinung, die Einheit müsse durch Unterwerfung der

Konkurrenz zustande kommen. Dass keine der beiden Arbeiterparteien imstande ist, die andre zu vernichten, darf nachgerade als erwiesen gelten. …

Damit die Parteien aber gemeinsam handeln können, müssen sie zunächst einmal überhaupt handeln. Nicht die Einheit führt also zur Aktivität, sondern die Aktivität führt zur Einheit und dadurch freilich zu noch größeren Aktionsmöglichkeiten.

Ein taktisches Bündnis nun kann selbstverständlich nur von Partei zu Partei geschlossen werden. Und der Einzelne kann am meisten dafür tun, indem er in seiner Partei bleibt und dazu beitragt, sie bündnisfähig und bündniswillig zu machen; oder mit andern Worten: indem er sich bemüht, sie zu größerer Aktivität gegenüber der Reaktion zu veranlassen. …

Jede Partei kann nur aus sich selbst heraus erneuert werden. … für beide gilt die gleiche Logik: durch Diskussion zur Aktion, durch Aktion zur Einheit, durch Einheit zum Sieg.

Quelle: Weltbühne Jg. 1932, S. 378-381, https://archive.org/details/DieWeltbhne28-21932/page/380/mode/2up

Dokument 16

Reichsministerium des Innern über Einheitsfrontbestrebungen

Lagebericht Nr. 13 vom 16. Juli 1932

… Aus allen Reden und Anweisungen klingt immer wieder die gleiche Aufforderung »Schreitet endlich zur antifaschistischen Tat!« oder »Findet immer neue Formen der Antifaschistischen Aktion!« Bedingungen, die die SPD für die Einheitsfront stellt, könne und wolle die KPD nicht annehmen, wie sie ihrerseits auch den sozialdemokratischen Arbeitern keine andere Bedingung für die Einreihung in die antifaschistische Einheitsfront stelle als den Willen zum Kampf …

Im ganzen Reiche gehen die praktischen Einheitsfrontaktionen weiter. SPD-Betriebsräte erscheinen als Delegierte ihrer Kameraden in kommunistischen Versammlungen; in Duisburg erörterten Funktionäre der Eisernen Front im Parteibüro der KPD Einheitsfrontmaßnahmen. Gemeinsame Sargwachen und Beteiligungen bei Beerdigungen sind schon überall die Regel, ebenso wie bei oder nach nationalsozialistischen Aufmärschen regelmäßig wirklich überparteiliche Demonstrationen veranstaltet werden. Sozialdemokraten erscheinen bei den vielerorts veranstalteten antifaschistischen Kongressen der KPD, wenn auch noch nicht in der von der KPD erhofften Zahl: Gewerkschaftsfunktionäre erklären, dass man die entgegengehaltene Bruderhand der KPD nicht zurückweisen dürfe, und äußern Kritik an der Politik von SPD und ADGB. Die Duisburger »Volksstimme«, SPD-Organ, begrüßte das Zustandekommen der Einheitsfront, die spontan von unten her kommen würde. Hilferding rühmte in einer Essener Rede, dass bei der Demonstration im Berliner Lustgarten die Kommunisten in »vorbildlicher Disziplin« mitmarschiert seien usw. usw. So sieht man also, dass der Vorstand der SPD im Prinzip nichts gegen die Bildung der Einheitsfront auf lokaler Basis hat, so lange natürlich die Machtstellung der SPD und ihr Einfluss auf das Proletariat hierdurch nicht berührt werden, dass er aber, und zwar mit Rücksicht auf die von rechts her erwarteten Wähler und mit Rücksicht auf spätere Koalitionsmöglichkeiten, eine offizielle Verantwortung für eine auch formale Einheitsfront mit den Kommunisten nicht übernehmen will.

Quelle: zit. nach Reinhard Kühnl,
Der deutsche Faschismus, Köln 2000, S. 167

Dokument 17

Die Lehren des Berliner Verkehrsarbeiterstreiks

Von Fritz Grob

Der Streik hat gezeigt, dass die Führungen der SPD und der Freien Gewerkschaften auch heute noch nicht bereit sind, in großem Maßstabe den Kampf gegen den Lohnabbau zu führen, obgleich die

Arbeiterschaft dazu bereit ist und die Arbeitslosen kein Hindernis sind in diesem Kampf, sondern sogar zur Unterstützung bereit sind und darüber hinaus die Sympathie des weitaus größten Teiles der Bevölkerung den Streikenden gehört.

Obgleich diese Feststellungen nicht neu sind, so wirken sie doch durch die grelle Beleuchtung, die sie durch den BVG-Streik erfahren haben, weiterhin aufklärend auch auf die Kreise der Arbeiterschaft, die sich immer noch täuschen ließen durch die Behauptungen, in der Krise kann die Arbeiterschaft nicht kämpfen.

Durch diese handgreiflichen Enthüllungen kommen die Reformisten und Saboteure des Klassenkampfes in immer größere Bedrängnis, und das ist gut so. In der SPD und in den Gewerkschaftsversammlungen wird ein Sturm der Entrüstung zu erwarten sein. Hoffentlich findet er überall geschickte Vertreter.

Der Besuch der Gewerkschaftsversammlungen durch alle Mitglieder wird immer dringender, niemand sollte sich dieser Pflicht entziehen.

So eindeutig diese Lehren in Bezug auf die Haltung der SPD und Gewerkschaftsführung sind, so wenig eindeutig sind die Lehren in Bezug auf die KP- und RGO-Politik. Das kommt selbst in dem Aufruf der Streikleitung beim Abbruch des Streiks zum Ausdruck: In dem Aufruf heißt es:

»Die Erbitterung … darf nicht zum freiwilligen Austritt aus den reformistischen Gewerkschaften führen. Gerade jetzt erst recht müssen wir kämpfen um jede Funktion in der Gewerkschaft, um durch einen systematischen Kampf einen reformistischen Einbruch im Betrieb und unter Gewerkschaftsmitgliedern zu überwinden.«

…

Die KPD hat es in der Hand durch ein ehrliches Einheitsfrontangebot an die SPD-Führung und durch die restlose Beseitigung der RGO-Politik die in weiten Kreisen empörten SPD- und Gewerkschaftsmitglieder gegen die weiterhin drohende Politik der Sabotage des Klassenkampfes auf die Beine zu bringen und so die reformistischen Führer in die in kurzer Zeit wieder nötige Kampffront zu zwingen oder abhalftern zu lassen. Ein Pochen auf die Wahllorbeeren ist heute weniger revolutionär denn je.«

Fritz Grob war der Berliner Leiter des Internationalen Sozialistischen Kampfbund (ISK)

Quelle: Zeitung des ISK »Der Funke« (Chefredakteur Willi Eichler), 11. November 1932, S. 1/2

Dokument 18

Dringender Appell

Von Intellektuellen zur Reichstagswahl

Die Vernichtung aller persönlichen und politischen Freiheit in Deutschland steht unmittelbar bevor, wenn es nicht in letzter Minute gelingt, unbeschadet von Prinzipiengegensätzen alle Kräfte zusammenzufassen, die in der Ablehnung des Faschismus einig sind. Die nächste Gelegenheit dazu ist der 31. Juli (Reichstagswahl 1932; U. Sch.).

Es gilt, diese Gelegenheit zu nutzen und endlich einen Schritt zu tun zum Aufbau einer einheitlichen Arbeiterfront, die nicht nur für die parlamentarische, sondern auch für die weitere Abwehr notwendig sein wird.

Wir richten an jeden, der diese Überzeugung mit uns teilt, den dringenden Appell, zu helfen, dass ein Zusammengehen der SPD und KPD für diesen Wahlkampf zustande kommt, am besten in der Form gemeinsamer Kandidatenlisten, mindestens jedoch in der Form von Listenverbindungen. Insbesondere in den großen Arbeiterorganisationen, nicht nur in den Parteien, kommt es darauf an, hierzu allen erdenklichen Einfluss aufzubieten. Sorgen wir dafür, dass nicht Trägheit der Natur und Feigheit des Herzens uns in die Barbarei versinken lassen!

Chi-yin Chen / Willi Eichler / Albert Einstein / Karl Emonts / Anton Erkelenz/ Hellmuth Falkenfeld / Kurt Großmann / E[mil] J. Gumbel / Walter Hammer/ Theodor Hartwig / Vitus Heller / Kurt Hiller / Maria Hodann / Hanns-Erich/ Kaminski / Erich Kästner / Karl Kollwitz / Käthe Kollwitz / Arthur Kronfeld/ E. Lauti / Otto Lehmann-Rußbüldt / Heinrich Mann / Pietro Nenni / Paul Oestreich / Franz Oppenheimer / Theodor Plievier / Freiherr von Schoenaich / August Siemsen / Minna Specht / Helene Stöcker / Ernst Toller / Graf Emil von Wedel / Erich Zeigner / Arnold Zweig

Am 12. Februar 1933, zwei Wochen nach der Ernennung Adolf Hitlers zum Reichskanzler, wurde zur anstehenden Reichstagswahl vom 5. März mit identischem Text erneut dazu aufgerufen, sich zu verbünden. Unterzeichnet war der Aufruf dieses Mal von 19 Personen, unter ihnen wieder Heinrich Mann und Käthe Kollwitz.

Quelle: Zeitung des ISK »Der Funke« und als Plakat Juni 1932

Dokument 19

Wieder Bülowplatz –
Bemerkungen zu einer kommunistischen Demonstration

Von Friedrich Stampfer

Auch das schärfste Urteil über die Politik der kommunistischen Führung kann nichts ändern an der Hochachtung, die diese Massen verdienen. Durch klingenden Frost und schneidenden Wind zogen in abgeschabten Mänteln, in dünnen Jacken, in zerrissenen Schuhen stundenlang Zehntausende blasser Gesichter, aus denen die Not sprach, aus denen aber auch der Opfermut sprach für die Sache, die sie für die richtige halten. Aus ihren rauen Stimmen klang der Hass, der tausendmalberechtigte Hass gegen eine Gesellschaftsordnung, die sie zu Not und Elend verdammt, der Protest, der tausendmal berechtigte Protest gegen den grotesken Wahnsinn, die schreiende Ungerechtigkeit unserer sozialen Zustände. Der wäre kein Sozialist, der diesen Hass, diesen Protest nicht mitempfände!

Man merkte, dass sie hier zuhause waren, Menschen der Not in den Quartieren der Not. Am letzten Sonntag war es die Invasion einer feindlichen Macht, die von zehntausend Bewaffneten geschützt war. Gestern war es ein Bild eines freien Volkslebens. Bei fast völliger Abwesenheit von Schutzpolizei herrschte mustergültige Ordnung und Disziplin. … Die Zehntausende, die gestern über den Bülowplatz marschierten, waren bestimmt keine »Untermenschen« und keine »rote Mordbestie« – es waren Arbeiter, genau ebenso wie die Arbeiter, die in der Sozialdemokratischen Partei organisiert sind und die am nächsten Sonntag den Lustgarten füllen werden.

… Vergleicht man die Massen der KPD und die unseren, so bemerkt man die Anfänge einer neuen sozialen Differenzierung. … (Es) zeigt sich doch im Durchschnitt bei den relativ besser gestellten Schichten mehr Verständnis für die Politik der Sozialdemokratie, bei den schlechter gestellten mehr Neigung zur kommunistischen Gefühlspolitik. Hier, scheint mir, beginnen sich Gräben innerhalb der Arbeiterklasse zu bilden, die gefährlich sind und die ausgefüllt werden müssen. Denn wenn der ausgesprochene Elendsproletarier sich nicht mehr als Klassengenosse des qualifizierten Arbeiters fühlt, dann wird die Parteispaltung sozial unterbaut – sie und die Schwächung der Arbeiterklasse könnten auf solche Weise verewigt werden. Aufs schärfste müssen wir Sozialdemokraten darum uns zu der Auffassung bekennen, dass das ganze arbeitende Volk vom bestbezahlten Arbeiter bis zum letzten Elendsproletarier klassenmäßig zusammengehört. …

So manche, die ich gestern vorbeimarschieren sah, sind Söhne jener sozialdemokratischen Arbeiter, mit denen wir vor 25 Jahren für das gleiche Wahlrecht auf die Straße gingen. Von den Alten sind sicher viele damals mit uns gewesen.

Quelle: Vorwärts, 26 Januar 1933, Morgenausgabe, S. 1/2

Kapitel 5

Hitler wird Reichskanzler

In vielen Veröffentlichungen kann man Joseph Goebbels' Tagebucheintrag vom 25. Dezember 1932 finden, in dem er das zu Ende gehende Jahr als »Pechsträhne« bezeichnete. »Die Zukunft ist dunkel und trübe; alle Aussichten vollends entschwunden.«

Tatsächlich war die NSDAP ihren Zielen trotz großer Wahlerfolge nicht wirklich näher gekommen. Der Wahlkampfaufwand und die Finanzierung der SA hatten die Parteifinanzen erheblich belastet. Und wie die Reichstagswahlergebnisse im November und bei Wahlen auf Länderebene zeigten, hatte die Strahlkraft der Nazipropaganda auf unzufriedene Kreise in der Wählerschaft nachgelassen. Zudem verschärfte sich der innerparteiliche Streit um die politische Ausrichtung der NSDAP und ihrer Programmatik, der in Zeiten der Wahlerfolge überlagert war. In der sogenannten »Strasser-Krise« im Dezember 1932 ging es um zwei Optionen der Machtbeteiligung. Gregor Strasser, der Reichsorganisationsleiter der NSDAP, plädierte dafür, dass die NSDAP – auch unter Verzicht auf das Amt des Reichskanzlers – in eine rechte Koalitionsregierung eintreten sollte. Vorbild wäre das Querfront-Konzept des von Hindenburg zum Reichskanzler ernannten Generals Kurt von Schleicher. Dieser hatte geplant, ein »diagonales« Bündnis unterschiedlicher politischer Lager, von den »moderaten Nationalsozialisten« über die bündische Jugend bis zu den Gewerkschaften, in seine Regierung einzubinden. Demgegenüber stand die Gruppe um Hermann Göring, Heinrich Himmler und Joseph Goebbels, die Hitlers Machtanspruch und einen »Alles oder Nichts«-Kurs unterstützten. Nachdem Gregor Strasser diesen innerparteilichen Machtkampf verlor, trat er von allen seinen Ämtern zurück. Damit war die politische Option der untergeordneten Einbindung der NSDAP in eine rechte Koalitionsregierung gescheitert.

Das Risiko, das die politischen Förderer der NSDAP aus Wirtschaft und Finanzwelt in dieser Situation sahen, war, dass das politische Projekt eines reaktionären und autoritären Auswegs aus der Krise, der nur mit der NSDAP zu realisieren war, durch diese Streitigkeiten und eine nachlassende Masseneinbindung scheitern könnte. Zudem hatte das Institut für Konjunkturforschung Ende Oktober »erste Anzeichen für eine konjunkturelle Besserung« gemeldet, so dass in den Unternehmen die Sorge bestand, dass die – mit Hinweis auf die Krise – eingeleitete Zerschlagung der sozialen Sicherungssysteme möglicherweise gestoppt werden könnte. Es schien also politisch geboten, zu einer Lösung mit der NSDAP und Adolf Hitler zu kommen, wenn die »Wahlkampfinvestition« in eine Krisenlösung nicht vergeblich gewesen sein sollte.

Hinzukam, dass Schwerindustrie, Großfinanz und auch Teile im Militär mit Schleichers Querfront-Strategie unter Einbindung des ADGB – einem scheinbaren »Staatssozialismus« – überhaupt nicht einverstanden waren. Diese Kräfte zielten auf eine autoritäre Umgestaltung des Staates, dauerhafte Ausschaltung von KPD, SPD und Gewerkschaften, Abbau der steuerlichen und sozialstaatlichen Belastungen der Wirtschaft, schnelle Überwindung des Versailler Vertrages und beginnende Aufrüstung, wie Hitler es bereits im Januar 1932 versprochen hatte.

Da die NSDAP aufgrund ihres maximalistischen Auftretens und der konkurrierenden Kandidatur Hitlers gegen Hindenburg bei den Reichspräsidentschaftswahlen 1932 keinen direkten Zugang zu demselben besaß, war es nötig, dass andere Fürsprecher sich dieses Themas annahmen. Eine zentrale Figur wurde Franz von Papen, der immer noch das Vertrauen Hindenburgs besaß und seine Ablösung als Reichskanzler nach der Novemberwahl 1932 nicht akzeptieren wollte. Er vertrat, wie er mit seinem »Kabinett der Barone« ja unter Beweis gestellt hatte, gleichfalls ein autoritäres Herrschaftsmodell, konnte aber keine Bindekraft gegenüber dem Wahlvolk nachweisen. Als er am 16. Dezember 1932 im Berliner Herrenklub sein Konzept eines »Neuen Staats« entwickelte, bot ihm anschließend der Vorsitzende des Kölner Herrenklubs, der Bankier Kurt Freiherr von Schröder, Mitglied des »Keppler-Kreises«, die Vermittlung eines Gesprächs mit Hitler an. Dieses Angebot machte Schröder, nachdem er sich – wie er sagte – mit einer Anzahl von Herren der Wirtschaft beraten habe.

Vor diesem Hintergrund kam es zu dem bekannten Treffen im Privathaus des Kölner Bankiers am 4. Januar 1933. Wie Schröder vor dem Nürnberger Hauptkriegsverbrecher-Tribunal aussagte *(Dokument 20)*, waren an diesem Gespräch zuerst nur Adolf Hitler, Franz von Papen, Rudolf Heß, Heinrich Himmler, Wilhelm Keppler und natürlich Kurt von Schröder anwesend. Wohl auch um seinen eigenen Anteil zu minimieren, betonte Schröder, dass es sich hier um ein »Vier-Augen-Gespräch« zwischen Hitler und Papen gehandelt habe, bei dem er nicht zugegen war. Diese Unterredung wird nicht zu Unrecht als »Geburtsstunde des Dritten Reiches« bezeichnet. Denn hier erzielten Hitler und Papen »ein prinzipielles Abkommen« über Personal und Politik einer Regierung, getragen von NSDAP, DNVP und Papen, die das Kabinett Schleicher ablösen sollte. Im Sinne von Hitlers Machtanspruch sollte dieser Reichskanzler, Franz von Papen Vizekanzler werden. Weitere Besprechungen wurden verabredet.

In den nachfolgenden Tagen gab es eine rege Verhandlungstätigkeit hinter den Kulissen, die darauf angelegt war, Vorbehalte von Koalitionspartnern oder politischen Unterstützern dieser Regierung auszuräumen. Wichtig war es dabei vor allem, dass auch Hindenburg sich einer solchen Lösung nicht mehr verschloss. Denn ohne seine Mitwirkung wären alle Planungen sehr viel schwieriger umzusetzen. Am 9. Januar 1933 gab Hindenburg seine Zustimmung zu Verhandlungen Papens (hinter dem Rücken des amtierenden

Kanzlers Schleicher) über eine Koalitionsregierung unter Beteiligung der NSDAP. Hindenburg gegenüber wurde noch in Aussicht gestellt, dass Papen wieder Reichskanzler werden solle.

Am 17. Januar 1933 fanden zum ersten Mal direkte Verhandlungen zwischen Hitler und Alfred Hugenberg, dem Vorsitzenden der DNVP statt. Hugenberg war zwar Vorsitzender einer konkurrierenden Partei, aber über die Verwaltung der Gelder der »Ruhrlade«, die Wahlkampfgelder der zwölf einflussreichsten Ruhrindustriellen an politische Rechtsparteien verteilte, war er mit dem Aufstieg der NSDAP durchaus verbunden. Diese Kreise hofften, dass es Papen gelingen würde, die Nationalsozialisten zu »zähmen« und in eine Koalition unter seiner Führung zu zwingen. Jedoch waren ihre Wirkmöglichkeiten durch die öffentliche Kritik nach der »Gelsenberg-Affäre« vom Sommer 1932, dem heimlichen und überteuerten Kauf eines Aktienpakets der Gelsenkirchener Bergwerks-AG im Mai 1932 zugunsten von Friedrich Flick durch die staatlich kontrollierte Dresdner Bank, eingeschränkt. Gleichzeitig hatte man die Erwartung, dass mit Hilfe der NSDAP dieses Problem bereinigt werden könnte.

Auch wenn es anfangs zwischen Hugenberg und Hitler unterschiedliche Vorstellungen über Neuwahlen zum Reichstag und die Machtdurchsetzung in Preußen gab, verständigte man sich insoweit, als die DNVP anschließend Schleicher die parlamentarische Unterstützung entzog.

Entscheidend blieb jedoch die Haltung des Reichspräsidenten. Der ehemalige Kronprinz Wilhelm, der Gutsherr Oldenburg-Januschau und General Werner von Blomberg, ein ehemaliger Regimentskamerad Hindenburgs, der schon länger der NSDAP nahe stand, wandten sich an ihn mit der Empfehlung für eine Regierung Hitler, getragen von Stahlhelm, DNVP und NSDAP. Deren Haltung und auch die Entscheidung des Reichspräsidenten wurden durch den »Osthilfe-Skandal« massiv beeinflusst. Am 19. Januar 1933 begann der Haushaltsausschuss des Reichstages auf Betreiben des Zentrums Unregelmäßigkeiten bei der Vergabe und Verwendung von

Staatsgeldern für die ostelbische Landwirtschaft zu untersuchen. Zu den Profiteuren dieser Staatsgelder gehörten Gutsherr Oldenburg-Januschau, aber auch der Reichspräsident bzw. sein Sohn Oskar von Hindenburg, Besitzer von Gut Neudeck, das der Vater – um die Erbschaftssteuer zu vermeiden – ihm bereits 1927 übertragen hatte. Hindenburg befürchtete, dass ein Untersuchungsausschuss seine persönliche Reputation infrage stellen könnte.

Otto Meissner – seinerzeit Staatssekretär und Leiter des Büros des Reichspräsidenten und an diesen Vorbereitungen beteiligt – behauptete bei seiner Aussage im Nürnberger Kriegsverbrecherprozess, dass der entscheidende Vorbehalt des Reichspräsidenten durch seinen Sohn Oskar anlässlich eines Treffens mit Adolf Hitler am 22. Januar 1933 im Hause des späteren Außenministers Joachim von Ribbentrop ausgeräumt worden sei. Es war eine Feier im Hause des damaligen Spirituosenhändlers, bei der zahlreiche Gäste der gehobenen Berliner Gesellschaft anwesend waren, so dass die Teilnahme von Meissner und Oskar von Hindenburg nicht auffiel. Meissner behauptete später, er wisse nicht, worüber sich Hitler und Oskar von Hindenburg unterhielten. Bekannt ist jedoch, dass Hitler anbot, als Reichskanzler sofort für die Auflösung des Reichstags und Neuwahlen einzutreten, so dass der Untersuchungsausschuss zum »Osthilfe-Skandal« damit erledigt sei.

Diese politische Entwicklung und Einflussnahme auf den Reichspräsidenten blieb dem amtierenden Reichskanzler Schleicher nicht verborgen. Als ihm Paul von Hindenburg Ende Januar 1933 die weitere Unterstützung versagte, trat er am 28. Januar zurück. Damit war der Weg für eine Regierung mit Hitler als Reichskanzler frei.

Als letztes Zugeständnis an Franz von Papen erklärte sich die NSDAP bereit, dass dieser Reichskommissar für Preußen werden sollte. Göring sollte kommissarischer preußischer Innenminister werden. Der thüringische NSDAP-Minister Wilhelm Frick war als Reichsinnenminister vorgesehen. Am 29. Januar verhandelte Papen mit Hugenberg und den beiden Stahlhelm-Führern Seldte und

Duesterberg über die Verteilung von Ministerposten. Selbst Mitglieder des Schleicher-Kabinetts waren bereit, sich der neuen Regierung Hitler-Hugenberg-Papen zur Verfügung zu stellen.

War schon die hiermit vorliegende Ministerliste im Sinne von Reichspräsident Hindenburg, so bestärkte Papen dessen Bereitschaft zur Ernennung Hitlers als Reichskanzler noch mit der Aussicht, die Kabinettsmitglieder von DNVP, Stahlhelm und parteilosen Sympathisanten würden Hitlers Handlungsfreiheit einschränken und ihn kontrollieren. Als Drohung stellte Papen zudem in den Raum, dass ein Aufstand der Nationalsozialisten und Bürgerkrieg wahrscheinlich seien, sofern keine Lösung mit der NSDAP gefunden werde.

Daraufhin willigte Hindenburg ein und ernannte am 30. Januar 1933 Adolf Hitler zum Reichskanzler. Franz von Papen wurde Vizekanzler, und auch die von ihm vorgeschlagenen Minister kamen ins Amt. *(Dokument 21)*

Bei Betrachtung dieses Ablaufs wird unzweifelhaft deutlich: Die Ernennung Hitlers zum Reichskanzler war weder eine »Machtergreifung« noch eine »nationale Revolution«, wie es später in der faschistischen Selbstdarstellung hieß, sondern eine schlichte »Machteinsetzung« über den Weg eines Präsidialkabinetts. Dieser Schritt erfolgte mit entscheidender Unterstützung maßgeblicher Machtgruppen in Politik und Wirtschaft, die mit Hilfe der NSDAP die Umgestaltung der Weimarer Republik zu einem autoritären antiparlamentarischen Herrschaftssystem beabsichtigten. Diese Machtgruppen hatten sich hiermit für die reaktionärste Variante bürgerlicher Herrschaft entschieden, eine Variante, die bis dahin auch an Vorbehalten und Rivalitäten innerhalb der rechten Parteien und Kräfte gescheitert war. Sie betrieben die faschistische Machtetablierung und die in den folgenden Monaten schrittweise betriebene Errichtung eines faschistischen Einparteien- und Führerstaates.

***

Dokument 20

Treffen zwischen Hitler und von Papen im Haus des Bankiers Kurt Freiherr von Schröder in Köln

Eidesstattliche Erklärung des Freiherrn Kurt von Schröder vor der amerikanischen Untersuchungsbehörde des Internationalen Militärgerichtshofes in Nürnberg (Auszug)

Ich, Kurt Freiherr von Schröder, nachdem ich darauf aufmerksam gemacht worden bin, dass ich mich wegen falscher Aussage strafbar mache, stelle hiermit unter Eid freiwillig und ohne Zwang folgendes fest …

Als die Lage in Deutschland sich unter Schleicher als Kanzler in den letzten Monaten des Jahres 1932 weiter verschlechterte, sahen Hitler und Papen ein, dass es vielleicht am günstigsten wäre, wenn sie zu einer Zusammenarbeit kommen könnten. Als ich Papen im Dezember sah, sagte er mir: »Ich glaube, dass es jetzt vielleicht möglich wäre, eine Zusammenkunft herbeizuführen, um die strittigen Punkte aufzuklären. Wir müssen eine Möglichkeit zur Zusammenarbeit der Rechtsparteien finden. Dies ist die Vorgeschichte der Zusammenkunft Hitlers und Papens in meinem Hause.

Am 4. Januar 1933 trafen Hitler, von Papen, Heß, Himmler und Keppler in meinem Hause in Köln ein. Hitler, von Papen und ich begaben uns in mein Arbeitszimmer, wo eine zwei Stunden dauernde Besprechung stattfand. Heß, Himmler und Keppler nahmen an der Besprechung nicht teil, hielten sich aber im Nebenzimmer auf. Keppler, der behilflich gewesen war, diese Zusammenkunft zu arrangieren, kam von Berlin; von Papen kam allein von seinem Haus an der Saar; und Hitler brachte Himmler und Heß mit sich, da sie zu einer Wahlversammlung in Lippe unterwegs waren. Die Verhandlungen fanden ausschließlich zwischen Hitler und Papen statt, ich nahm keinen Anteil daran. …

Weiterhin führte Papen aus, dass er es für das beste halte, eine Regierung zu formen, bei der die konservativen und nationalen Elemente, die ihn unterstützt hatten, zusammen mit den Nazis vertreten seien. Er schlug vor, dass diese neue Regierung womöglich von Hitler und Papen zusammen geführt werden sollte. Daraufhin hielt Hitler eine lange Rede, in der er sagte, dass, wenn er zum Kanzler ernannt würde, Anhänger von Papen als Minister an seiner (Hitlers) Regierung teilnehmen könnten, sofern sie gewillt wären, seine Politik, die viele Änderungen bestehender Zustände verfolgte, zu unterstützen. Er skizzierte diese Änderungen, einschließlich der Entfernung aller Sozialdemokraten, Kommunisten und Juden von führenden Stellungen in Deutschland und der Wiederherstellung der Ordnung im öffentlichen Leben. Von Papen und Hitler erzielten eine prinzipielle Einigung, durch welche viele der Punkte, die den Konflikt verursachten, beseitigt werden konnten und eine Möglichkeit der Zusammenarbeit gegeben war. Es wurde vereinbart, dass weitere Einzelheiten noch zu bearbeiten seien und dass dies in Berlin oder (an) einem sonstigen geeigneten Platz vorgenommen werden könne. …

Diese Zusammenkunft zwischen Hitler und Papen am 4. Januar 1933 in meinem Hause in Köln wurde von mir arrangiert, nachdem Papen mich ungefähr am 10. Dezember 1932 darum ersucht hatte. Bevor ich diesen Schritt unternahm, besprach ich mich mit einer Anzahl von Herren der Wirtschaft und informierte mich allgemein, wie sich die Wirtschaft zu einer Zusammenarbeit der beiden stellte. Die allgemeinen Bestrebungen der Männer der Wirtschaft gingen dahin, einen starken Führer in Deutschland an die Macht kommen zu sehen, der eine Regierung bilden würde, die lange an der Macht bleiben würde. Als die NSDAP am 6. November 1932 ihren ersten Rückschlag erlitt und somit also ihren Höhepunkt überschritten hatte, wurde eine Unterstützung durch die deutsche Wirtschaft besonders dringend. Ein gemeinsames Interesse der Wirtschaft bestand in der Angst vor dem Bolschewismus und der Hoffnung, dass die Nationalsozialisten – einmal an der Macht – eine beständige politische und wirtschaftliche Grundlage in Deutschland herstellen würden. Eine weiteres gemeinsames Interesse war der Wunsch, Hitlers wirtschaftliches Programm in die Tat umzusetzen, wobei ein wesentlicher Punkt darin lag, dass die Wirtschaft sich selbst lenken sollte zur Lösung der von der politischen Führung gestellten Probleme. Zur praktischen Durchführung dieses Programmpunktes erwartete man, wie es ja später auch geschah, dass die gesamte Wirtschaft auf einer neuen Basis organisiert werden würde, und zwar in Verbänden, denen sämtliche wirtschaftliche Unternehmungen, im Gegensatz zu den damals bestehenden Verbänden, beitreten mussten, deren Führung durch Wirtschaftler und Kaufleute selbst erfolgen würde, die selbst für einen Ausgleich der Produktion zu sorgen hätten, so dass notgedrungen diese neuen Verbände mehr Einfluss ausüben könnten als früher. Weiterhin erwartete man, dass eine wirtschaftliche Konjunktur durch das Vergeben von größeren Staatsaufträgen werden würde.

In diesem Zusammenhang sind zu erwähnen: eine von Hitler projektierte Erhöhung der deutschen Wehrmacht von 100 000 auf 300 000 Mann, das Bauen von Reichsautobahnen und die Kredite, die der öffentlichen Hand (Länder, Gemeinden etc.) gegeben werden sollten zum Bauen von neuen und Verbesserungen von bereits bestehenden Straßen, Aufträge zur Verbesserung des Verkehrswesen, insbesondere der Reichsbahn, und Förderung solcher Industrien wie Automobil- und Flugzeugbau und der damit verbundenen Industrien.

Es war allgemein bekannt, dass einer der wichtigsten Programmpunkte Hitlers die Abschaffung des Vertrages von Versailles darstellte und die Wiederherstellung eines sowohl in militärischer als auch in wirtschaftlicher Hinsicht starken Deutschlands. Es war klar, dass in einem starken Deutschland auch die Wirtschaft aufblühen werde, und es war darüber hinaus klar, dass wirtschaftliche Stärke eine Stellung bedeutete, in der Deutschland nicht mehr vom Ausland abhängig sein würde. Diese Bestrebungen, Deutschland autark zu machen, wurden von gewissen wirtschaftlichen Unternehmungen möglicherweise nicht aus Idealismus, sondern aus nackter Profitgier begrüßt, als (im Original: also) eine Möglichkeit, den eigenen Machtbereich zu vergrößern. Eine solche Möglichkeit war zweifellos auf dem Gebiet der Erzeugung des synthetischen Öls und Kautschuks gegeben.

Quellen: Reinhard Kühnl, Der deutsche Faschismus in Quellen und Dokumenten, Köln 2000, S. 158 ff

Dokument 21

Die Ressortverteilung im Kabinett Hitler-Hugenberg-Papen

- Reichskanzler: Adolf Hitler (1889-1945)
- Vizekanzler und Reichskommissar für Preußen: Franz von Papen (parteilos) (1879-1969)
- Auswärtiges: Konstantin Freiherr von Neurath (parteilos) (1873-1956)
- Inneres: Wilhelm Frick (NSDAP) (1877-1946)
- Reichswehr: Werner von Blomberg (parteilos) (1878-1946)
- Finanzen: Johann Graf Schwerin von Krosigk (parteilos) (1887-1977)
- Wirtschaft, Ernährung und Landwirtschaft: Alfred Hugenberg (DNVP) (1865-1951)
- Justiz: Franz Gürtner (DNVP) (1881-1941)
- Arbeit: Franz Seldte (Stahlhelm) (1882-1947)
- Verkehr und Post: Paul Freiherr von Eltz-Rübenach (parteilos) (1875-1943)
- Minister ohne Geschäftsbereich: Hermann Göring (NSDAP) (1893-1946)

Kapitel 6

Politische Reaktionen auf die Machteinsetzung

Anders als auch von vielen Antifaschisten erwartet, erfolgte die Machtübertragung an Hitler und die NSDAP nicht gegen den Staatsapparat, sondern mit den Instrumenten der Weimarer Verfassung, wie sie sich als autoritärer Ausweg für die Präsidialkabinetten ergeben hatten.

Nicht allein durch die Erfahrungen mit dem Terror der faschistischen Schlägerbanden SA und SS sowie andere Gewalttaten, sondern bereits aus der politischen Praxis der NSDAP-unterstützten Länderregierungen in Thüringen und Braunschweig wussten die Vertreter der Arbeiterparteien, was zur politischen Agenda der Nazibewegung gehören würde – nämlich die gewaltsame Zerschlagung der Arbeiterbewegung und aller ihrer Organisationen. Folgerichtig konnte es nun nur darum gehen, alle Kräfte zusammenzufassen und – wie schon einmal im Jahr 1920 gegen Kapp-Lüttwitz – der neu installierten Regierung mit einem Generalstreik entgegen zu treten, auch wenn dessen Ausgang offen sein mochte. So richtig dies war, so wenig entsprach es der Situation der Arbeiterparteien und ihrer jeweiligen Grundhaltung. Während die KPD trotz stark gewachsener Mitglieder- und Wählerzahl durch die Wirtschaftskrise und politisch bedingte Entlassungen ihre Verankerung in den Großbetrieben, die für die Durchführung eines Generalstreiks Voraussetzung war, zu einem empfindlichen Teil verloren hatte, hatte die Sozialdemokratie – nicht zuletzt mit ihrem Stillhalten beim »Preußenschlag« – erheblich zur Demobilisierung und Demoralisierung ihrer Mitglieder und Anhänger beigetragen. Gleichzeitig erschwerten die ideologischen Konflikte zwischen den Arbeiterparteien und ihren jeweiligen Strömungen das praktische Zusammengehen.

Angesichts der gemeinsamen Bedrohung sah die KPD nur eine Möglichkeit für das politische Handeln, wie es in einem Schreiben ihres Zentralkomitees an den Parteivorstand der SPD und die Gewerkschaften heißt: »Die Kommunistische Partei Deutschlands wendet sich vor der gesamten proletarischen Öffentlichkeit mit dem Aufruf zugleich an den ADGB, an den Afa-Bund, an die SPD und die christlichen Gewerkschaften mit der Aufforderung, gemeinsam mit den Kommunisten den Generalstreik gegen die faschistische Diktatur der Hitler-Hugenberg-Papen, gegen die Zerschlagung der Arbeiterorganisationen, für die Freiheit der Arbeiterklasse durchzuführen.« *(Dokument 22)*

Dieser Aufruf wurde unter der Überschrift »Generalstreik gegen die faschistische Terrorherrschaft!« in der Parteizeitung *Rote Fahne* und durch Flugblätter im ganzen Deutschen Reich verbreitet. Trotz Verboten und anderen Einschränkungen organisierte die KPD in verschiedenen Teilen des Reiches am 30. und 31. Januar antifaschistische Aufmärsche und Kundgebungen.

Seitens des Parteivorstandes der SPD wurde der Aufruf zum Generalstreik grundsätzlich abgelehnt, obwohl man selber die neue Regierung als Ausdruck der »Harzburger Front« und als Feind der Arbeiterklasse bezeichnete. Man appellierte an die Einheit des ganzen arbeitenden Volkes, um dann jedoch von aktivem Widerstand abzusehen. Man führe den Kampf auf dem Boden der Verfassung, der durch die diversen Präsidialkabinette und die Notverordnungspolitik längst verlassen war, wolle die politischen und sozialen Rechte des Volkes gegen jeden Angriff mit allen Mitteln verteidigen. »Jeder Versuch der Regierung, ihre Macht gegen die Verfassung anzuwenden oder zu behaupten, wird auf den äußersten Widerstand der Arbeiterklasse und aller freiheitlich gesinnten Volkskreise stoßen.« Dafür wolle man die Kräfte bereithalten. »Undiszipliniertes

Vorgehen einzelner Organisationen oder Gruppen auf eigene Faust würde der gesamten Arbeiterklasse zum schwersten Schaden gereichen.« *(Dokument 23)*

Mit scheinradikaler Rhetorik entsprach man zwar der Haltung vieler Mitglieder der SPD, des Reichsbanners und anderer sozialdemokratischer Massenorganisationen, gleichzeitig wurde jedoch zu »Besonnenheit« und »Disziplin« aufgerufen und jeglicher aktive Widerstand abgelehnt. Wie schon beim Papen-Staatsstreich vom Juli 1932 orientierte die SPD-Führung nach der Auflösung des Reichstags auf die angekündigten Neuwahlen, bei denen der Regierung Hitler-Hugenberg-Papen mit dem Stimmzettel die passende Antwort gegeben werden sollte.

Auch an der gewerkschaftlichen Basis gab es vielfältige Stimmen, sich aktiv zur Wehr zu setzen. Im Gegensatz dazu hieß es in dem gemeinsamen Aufruf von ADGB, AfA-Bund, Gesamtverband der christlichen Gewerkschaften und dem liberalen Gewerkschaftsring »An die Mitglieder der Gewerkschaften!«: »Um die Angriffe gegen Verfassung und Volksrechte im Ernstfalle abzuwehren, ist kühles Blut und Besonnenheit erstes Gebot. Lasst euch nicht zu voreiligen und darum schädlichen Einzelaktionen verleiten.«

Während die neue Regierung und das Reichsinnenministerium – wie in den Protokollen der Kabinettsitzungen sichtbar – die größten Befürchtungen vor Massenaktionen der Arbeiterorganisationen hatten, blockierten die leitenden Gremien der Gewerkschaften jeglichen betrieblichen Widerstand. »Organisation – nicht Demonstration: Das ist die Parole der Stunde.« So hieß es in der Erklärung der Bundesausschusssitzung des ADGB vom 31. Januar 1933, als ginge es in diesem Moment tatsächlich nur um Tarifrechte und Arbeitsbedingungen. *(Dokument 24)*

Welche Möglichkeiten zur Mobilisierung es hätte geben können, verdeutlicht ein herausragendes – allerdings isoliertes – Beispiel, der Generalstreik von Mössingen. In diesem württembergischen Industriedorf warteten die Vertreter der Arbeiterorganisationen nicht darauf, ob und wann aus der Reichshauptstadt oder von ihren Parteizentralen ein Aufruf zum Handeln käme, sondern sie organisierten – wie es einst reichsweit gegen Kapp geschehen war – einen politischen Streik gegen die neue Regierung, an dem sich gut 800 Arbeiter beteiligten. Beendet haben sie ihre Aktion erst, als klar wurde, dass es keine reichsweiten Kampfaktionen geben würde, sie also auf verlorenem Posten standen. Die Enttäuschung darüber saß so tief, dass sich einzelne Teilnehmer dieses Generalstreiks später selber der faschistischen Bewegung anschlossen.

Seitens der bürgerlichen Kräfte regte sich überhaupt kein sichtbarer Widerstand gegen die neue Regierung. Als – wie mit Hitler und seinem Kabinett im Vorfeld besprochen – Reichspräsident Paul von Hindenburg bereits am 1. Februar den Reichstag auflöste und Neuwahlen für den 5. März 1933 ansetzte, orientierten die bürgerlichen Parteien durchgängig auf diesen Termin, wenn sie sich denn überhaupt gegen die neue Reichsregierung positionierten.

Victor Klemperer formulierte in seinem Tagebuch die Haltung der bürgerlichen Kräfte. »Eine Woche nach Hitlers Ernennung waren wir ... mit Raabs zusammen. Raab, Gschaftlhuber, Nationalökonom, Vorsitzender des Humboldtclubs hielt eine große Rede und erklärte, man müsse die Deutschnationalen wählen, um den rechten Flügel der Koalition zu stärken. Ich trat ihm erbittert entgegen. ... Am meisten berührt, wie man den Ereignissen so ganz blind gegenübersteht, wie niemand eine Ahnung von der wahren Machtverteilung hat. ... Wird der Terror hingenommen werden und wie lange?« *(Victor Klemperer, Tagebücher 1933-1941, S. 6/7)* Solche »Blauäugigkeit« kennzeichnete durchgängig das Verhalten der bürgerlichen Parteien, die zuerst auf ihre möglichen Wahlergebnisse schauten.

So konnte sich die Zentrumspartei mit ihrem bayrischen Ableger BVP ihres katholischen Wählerpotenzials relativ sicher sein und fühlte sich von den repressiven Maßnahmen der Regierung mit Zeitungs- und Versammlungsverboten wenig betroffen. Eigentlich unterstützte sie noch das harte Durchgreifen gegen die »Gefahr des Bolschewismus«. Wie erwartet, behauptete die Partei bei der Wahl ihre Stellung (11,2 %). Eine vergleichbare Haltung legte die Bayerische Volkspartei

(BVP) an den Tag, die ebenfalls ihren Wählerstamm mit gut einer Millionen Stimmen in etwa halten konnte. Ihr erster Widerspruch ergab sich erst aus den Maßnahmen zur Gleichschaltung der Länder, bei denen die bayerische Selbstständigkeit durch General Franz Xaver von Epp als Reichsstatthalter aufgehoben wurde.

Das Überleben der früheren Deutschen Demokratischen Partei (DDP), umbenannt in Deutsche Staatspartei (DStP) war schon bei den Wahlen 1932 von einer engen Kooperation mit der SPD abhängig. Nur mit einer Listenverbindung war es ihr noch möglich, Sitze im Reichstag zu erringen. Auch sie orientierte nur auf den Wahlkampf. Anders jedoch als die SPD stimmten später ihre fünf Abgeordneten für das »Ermächtigungsgesetz«. So auch der spätere erste Bundespräsident der BRD, Theodor Heuss.

Weitere bürgerliche Parteien orientierten unmittelbar auf die neue Regierung. So forderte der stellvertretende Vorsitzende der Deutschen Volkspartei (DVP) bereits im Frühjahr 1933, seine Partei in die NSDAP zu überführen. Im Juni löste sich diese Partei dann selbst auf. Alles in allem lässt sich feststellen, dass sämtliche nichtfaschistischen bürgerlichen Parteien nicht gegen die Regierung Hitler-Hugenberg-Papen opponierten.

***

Dokument 22

Aufruf des Zentralkomitees der KPD

30. Januar 1933 (Auszug)

Generalstreik gegen die faschistische Terrorherrschaft!

Hitler Reichskanzler, Papen Vizekanzler, Hugenberg Wirtschaftsdiktator, die Frick und Goebbels an der Spitze der Polizei, Stahlhelmmann Seldte Arbeitsminister.

Dies neue Kabinett der offenen faschistischen Diktatur ist die brutalste und unverhüllte Kriegserklärung an die deutsche Arbeiterklasse, an das werktätige Volk. Die Betrugsmanöver des »sozialen

Generals« sind zu Ende. Die Zuspitzung der Krise, der machtvolle revolutionäre Aufschwung der Massen zwingt die Bourgeoisie, das nackte Gesicht ihrer Diktatur in äußerster Brutalität zu enthüllen. An die Stelle der »sozialen« Phrasen treten die Bajonette der Reichswehr und die Revolver der mordenden SA- und SS-Kolonnen. Schamloser Lohnraub und schrankenloser Terror der braunen Mordpest zertrümmern die letzten kläglichen Rechte der Arbeiterklasse. Hemmungsloser Kurs auf den imperialistischen Krieg. Das alles steht unmittelbar bevor. Die Partei der deutschen Arbeiterklasse, die Partei der Streiks gegen Lohnraub, der Verteidigung der Interessen aller Werktätigen, des Kampfes für die Freiheit der Arbeiterklasse und für den Sozia1ismus, die KPD, will man verbieten. Die Kampforganisation der proletarischen Jugend, der KJVD, die Massenorganisation, die den Kampf gegen Lohnraub und Unternehmerwillkür führt, die RGO, sollen verboten werden. Diese faschistischen Anschläge sollen den Kurs auf die volle Zerschlagung aller Arbeiterorganisationen einleiten.

Das blutige barbarische Terrorregime des Faschismus wird in Deutschland aufgerichtet. Massen, lasst nicht zu, dass die Todfeinde des deutschen Volkes, die Todfeinde der Arbeiter und armen Bauern, der Werktätigen in Stadt und Land ihr Verbrechen durchführen. Setzt euch zur Wehr gegen die Anschläge und den Terror der faschistischen Konterrevolution, verteidigt euch gegen die soziale Reaktion der faschistischen Diktatur.

- Heraus auf die Straße!
- Legt die Betriebe still!
- Antwortet sofort auf den Anschlag der faschistischen Bluthunde mit dem Streik, mit dem Massenstreik, mit dem Generalstreik!
- Arbeiter und Arbeiterinnen, Jungarbeiter, nehmt in allen Betrieben, in allen Gewerkschaften, in allen Arbeiterorganisationen, auf allen Stempelstellen sofort Stellung: Für den Generalstreik – gegen die faschistische Diktatur!
- Beschließt die Arbeitsniederlegung! Beschließt Massendemonstrationen!

- Wählt Einheitskomitees und Streikleitungen! Organisiert den Kampf!

Die Kommunistische Partei Deutschlands wendet sich vor der gesamten proletarischen Öffentlichkeit mit dem Aufruf zugleich an den ADGB, an den Afa-Bund, an die SPD und die christlichen Gewerkschaften mit der Aufforderung, gemeinsam mit den Kommunisten den Generalstreik gegen die faschistische Diktatur der Hitler-Hugenberg-Papen, gegen die Zerschlagung der Arbeiterorganisationen, für die Freiheit der Arbeiterklasse durchzuführen.

Die KPD appelliert an die Millionen der sozialdemokratischen, freigewerkschaftlichen, christlichen und Reichsbannerarbeiter in Stadt und Land wie an die unorganisierten Arbeitermassen:

Führt gemeinsam mit euren kommunistischen Genossen in allen Betrieben und Arbeiterwohnvierteln Massendemonstrationen, den Streik, den Massenstreik, den Generalstreik durch!

- Es lebe die proletarische Einheitsfront gegen die faschistische Hitler-Diktatur!
- Es lebe der Kampf für die Freiheit der Arbeiterklasse!
- Es lebe der Kampf für eine Arbeiter- und Bauernrepublik!

Quelle:
Geschichte der deutschen Arbeiterbewegung, Bd. 5, S. 441 f

Dokument 23
Aufruf des Vorstandes und der Reichstagsfraktion der SPD
31. Januar 1933

Arbeitendes Volk! Republikaner!
Im Kabinett Hitler-Papen-Hugenberg ist die Harzburger Front wieder auferstanden.

Die Feinde der Arbeiterklasse, die einander bis vor wenigen Tagen auf das heftigste befehdeten, haben sich zusammengeschlossen zum gemeinsamen Kampf gegen die Arbeiterklasse, zu einer reaktionären großkapitalistischen und großagrarischen Konzentration.

Die Stunde fordert die Einigkeit des ganzen arbeitenden Volkes zum Kampf gegen die vereinigten Gegner. Sie fordert Bereitschaft zum Einsatz der letzten und äußersten Kräfte.

Wir führen unseren Kampf auf dem Boden der Verfassung. Die politischen und sozialen Rechte des Volkes, die in Verfassung und Gesetz verankert sind, werden wir gegen jeden Angriff mit allen Mitteln verteidigen. Jeder Versuch der Regierung, ihre Macht gegen die Verfassung anzuwenden oder zu behaupten, wird auf den äußersten Widerstand der Arbeiterklasse und aller freiheitlich gesinnten Volkskreise stoßen. Zu diesem entscheidenden Kampf sind alle Kräfte bereitzuhalten.

Undiszipliniertes Vorgehen einzelner Organisationen oder Gruppen auf eigene Faust würde der gesamten Arbeiterklasse zum schwersten Schaden gereichen.

Darum her zur Eisernen Front! Nur ihrer Parole ist Folge zu leisten! Kaltblütigkeit, Entschlossenheit, Disziplin, Einigkeit und nochmals Einigkeit ist das Gebot der Stunde!

Quelle:
Vorwärts (Berlin), 31. Januar 1933, Morgenausgabe, abgedruckt in: Geschichte der deutschen Arbeiterbewegung, Bd. 5, S. 442

Dokument 24
Gemeinsamer Aufruf von ADGB, AfA-Bund, Gesamtverband der christlichen Gewerkschaften und liberalem Gewerkschaftsring
30. Januar 1933

An die Mitglieder der Gewerkschaften!
Die politische Lage hat sich in entscheidender Weise geändert. Das Schwergewicht der neuen Reichsregierung liegt bei Parteien und Gruppen, die bisher offen für die soziale Entrechtung der Arbeiter und Angestellten, für die Zerschlagung der Demokratie und für die Ausschaltung des Parlaments eingetreten sind. Die Gefahr liegt nahe, dass sie jetzt ihre Pläne zu verwirklichen trachten.

Gewerkschaftsmitglieder! Die Lebensinteressen der gesamten Arbeitnehmerschaft stehen auf dem Spiel. Um die Angriffe gegen Verfassung und Volksrechte im Ernstfalle abzuwehren, ist kühles Blut und Besonnenheit erstes Gebot. Lasst euch nicht zu voreiligen und darum schädlichen Einzelaktionen verleiten.

Berlin, 30. Januar 1933

Stellungnahme ADGB
auf der 13. Bundesausschusssitzung am 31. Januar 1933

Es bedarf keiner Hervorhebung, dass die Gewerkschaften zu dieser Regierung in Opposition stehen. Das kann und wird sie nicht hindern, die Interessen der Arbeiterschaft auch gegenüber dieser Regierung zu vertreten. Die Gewerkschaften werden die Ansprüche der Arbeiter auf Gleichberechtigung in Staat und Wirtschaft mit genau der gleichen Entschiedenheit weiterverfechten wie seither. **Organisation – nicht Demonstration: Das ist die Parole der Stunde.**

Quelle: Gewerkschafts-Zeitung Nr. 5 vom 4. Februar 1933

Kapitel 7

Der staatliche Terror beginnt

Mit der Machteinsetzung Adolf Hitlers und seines Kabinetts steigerte sich der Terror gegen die Gegner dieser neuen Herrschaft in neue Dimensionen. Insbesondere die organisierten Kräfte der Arbeiterbewegung, die Arbeiterparteien, Gewerkschaften und andere Massenorganisationen, die zur politischen Mobilisierung fähig waren, mussten ausgeschaltet werden, wenn es denn eine Machtsicherung geben sollte. In diesem Sinne war die Besetzung des Reichsinnenministeriums mit Wilhelm Frick und die Übernahme der Polizeigewalt in Preußen durch Hermann Göring als »Reichskommissar« eine zentrale Voraussetzung. Allen Beteiligten war bewusst, dass die Ernennung Hitlers zum Reichskanzler allein nicht gleichbedeutend war mit der tatsächlichen politischen Macht im Land, solange die Kräfte, die außerhalb des Parlaments die Verhältnisse beeinflussen konnten, nicht zerschlagen waren.

Um in Richtung auf die eigene Anhängerschaft und gegenüber dem politischen Gegner ein deutliches politisches Signal der Macht auszusenden, inszenierte die NSDAP daher bereits am Abend des 30. Januar 1933 in Berlin einen triumphalen öffentlichen Fackelzug von SA, SS und Stahlhelm, der selbstverständlich durch das Brandenburger Tor führte.

Der NSDAP kam es bei dieser Aktion auch auf die optische Wirkung an, also die Macht der Bilder. Da der reale Aufmarsch zwar groß, aber die Bilder nicht eindrucksvoll genug waren, ließ Reichspropagandaminister Goebbels im Sommer 1933 für das Propagandaepos »SA-Mann Brand« der Bavaria Film AG die Szenen nachstellen und nachdrehen. Nun marschierten die Kolonnen zum geplanten Hell und Dunkel durch das ausgeleuchtete Tor, vorbei an Spalieren mit »Hitlergruß« salutierender Zuschauer. Diese Propagandaaufnahmen werden bis heute – meist ohne Hinweis auf ihre Entstehungsgeschichte – in zahlreichen »Dokumentationen« über den 30. Januar 1933 gezeigt. Dem Maler Max Liebermann, der den Aufmarsch von seiner Wohnung am Pariser Platz verfolgte, werden die Worte nachgesagt: »Ich kann gar nicht so viel fressen, wie ich kotzen möchte.«

Ähnliche Aktionen fanden auch in anderen Teilen des deutschen Reiches statt. In der Universitätsstadt Marburg beispielsweise marschierten nicht nur SA und SS, sondern auch die Verbindungsstudenten und Professoren der Philipps-Universität an diesem Abend zu Ehren der neuen Regierung auf.

In einer Regierungserklärung »An das deutsche Volk« *(Dokument 25)* erklärte sich die neue Regierung am 1. Februar zur letzten »Rettung vor dem Bolschewismus«, der Deutschland in den Abgrund führen würde. Die Weimarer Republik sei verantwortlich für alle Probleme der vergangenen Jahre. Demgegenüber erklärte man – propagandistisch verpackt – sich als »verantwortlich für die Wiederherstellung eines geordneten Volkskörpers und damit für die endgültige Überwindung des Klassenwahnsinns und Klassenkampfes«. Damit Deutschland nicht »im anarchistischen Kommunismus versinke«, wurden sämtliche Versammlungen der KPD unter freiem Himmel wurden verboten. Gleichzeitig stimmte das Kabinett – wie gegenüber Reichspräsident Hindenburg versprochen und für eine Machtsicherung ohne parlamentarische Kontrolle wichtig – am selben Tag zu, den Reichstag aufzulösen und Neuwahlen für den 5. März 1933 anzusetzen.

Als Grundlage für die autoritäre Formierung der Gesellschaft erließ Hindenburg am 4. Februar eine Notverordnung »zum Schutz des deutschen Volkes«, mit der die Presse- und Versammlungsfreiheit massiv beschnitten wurde. Außerdem wurden die kommunalen Parlamente in Preußen an diesem Tag aufgelöst. Man war sich sicher, dass mit entsprechenden Vorbereitungen in allen neu zu wählenden Parlamenten Mehrheiten im Sinne der Hitlerregierung erreicht werden würden.

Dazu bedurfte es aber noch eines verstärkten polizeilichen und politischen Terrors gegen antifaschistische Kräfte. Am 17. Februar erließ Hermann Göring als Reichskommissar für das preußische Innenministerium einen Runderlass über die »Förderung der nationalen Bewegung«. Er forderte die Herstellung »des besten Einvernehmens« zwischen der Polizei und den »nationalen Verbänden« (SA, SS und Stahlhelm): Diese seien mit allen Kräften zu unterstützen, während gegen »staatsfeindliche« – d. h. linke, insbesondere kommunistische – Gruppen »mit aller Strenge«, notfalls auch mit Schusswaffengebrauch vorzugehen sei.

Fünf Tage später folgte Görings »Erlass über Einberufung und Verwendung von Hilfspolizei«. Mit diesem erhielten SA, SS und »Stahlhelm« in Preußen Polizeifunktionen. Damit wurden diese Kampftruppen Teil der Exekutive. Sie wurden damit befugt, mit Razzien und gewalttätigen Übergriffen gegen antifaschistische Organisationen oder Versammlungen vorzugehen. Von da an sah sich jeder SA-Mann als Vertreter des neuen Regimes und Angehöriger der Ordnungsmacht. SA-Einheiten – ob mit Hilfspolizei-Armbinden oder ohne – nahmen Verhaftungen vor und drangsalierten ihre Gegner. Mit dieser Verordnung, die am 27. Februar veröffentlicht wurde, erhielt der faschistische Terrorapparat seine staatliche Legitimierung.

Als ob es überhaupt noch zweifelhaft gewesen wäre, wer denn »bei Bedarf« zu verhaften sei, schickte Mitte Februar der »Höhere Polizeiführer West« eine Anweisung an alle Polizeiverwaltungen zur Vorlage von aktualisierten Verhaftungslisten kommunistischer und gewerkschaftlicher Funktionäre. Quasi als Vorbereitung auf den Reichstagsbrand sollten diese Listen bis zum 26. Februar fertiggestellt sein. Zur Effektivierung des Verfolgungsapparates besetzte die NSDAP insbesondere in Berlin zentrale Führungspositionen der Polizei mit ihren Gewährsleuten. Am 15. Februar wurde das NSDAP-Mitglied Konteradmiral a. D. Magnus von Levetzow zum Polizeipräsidenten von Berlin ernannt, eine Woche später Rudolf Diels zum Leiter der preußischen politischen Polizei, der Vorläufereinrichtung für die spätere Gestapo.

Und damit auch die Justiz eine Handhabe für noch schärfere Urteile bekam, folgte am 28. Februar eine bereits vorbereitete »Verordnung gegen Verrat am deutschen Volke und hochverräterische Umtriebe«, mit der das Strafmaß gegen politische Gegner deutlich verschärft wurde.

Diese ersten Schritte zur Straffung, Kontrolle und Ausweitung des staatlichen Polizei- und Verfolgungsapparates in den ersten Wochen der Hitlerregierung schufen bereits Instrumentarien, die für einen massenhaften Terror und die Verfolgung politisch Andersdenkender eingesetzt werden konnten. Es fehlte hierfür nur noch der Anlass. Er wurde am Abend des 27. Februar 1933 mit der Brandstiftung im Berliner Reichstag geschaffen.

Welche Inszenierung und Intention hinter dem Ereignis standen, zeigte sich sofort. *(Dokument 26)* Noch während die Feuerwehr versuchte, den Brand zu löschen, verkündeten Göring und Hitler, dieser sei ein »kommunistisches Fanal« zum Aufstand und der im Reichstag verhaftete Niederländer Marinus van der Lubbe habe den Brand »im Auftrag der Kommunisten« gelegt.

Nachdem Rudolf Diels schon am Nachmittag des Tages die Polizeidienststellen angewiesen hatte, wegen angeblich bevorstehender Überfälle anlässlich der Reichstagswahl eine größere Zahl kommunistischer Funktionäre zu verhaften, begannen noch in der Nacht zum 28. Februar 1933 umfangreiche Massenverhaftungen, basierend auf seit November 1932 aktualisierten Listen. Am folgenden Tag wurde ein Verbot der Presse von KPD und SPD für 14 Tage ausgesprochen.

Dass die Behauptung eines »kommunistischen Fanals« von Anfang an unglaubwürdig war, erkannten auch ausländische Berichterstatter, von denen einer schon am Abend des 27. Februar an die *Wiener Allgemeinen Zeitung* kabelte, es sei unzweifelhaft, dass das Feuer »von Söldnern der Hitlerregierung entfacht worden« sei. Ungeachtet dessen erließ Hindenburg noch in der Nacht zum 28. Februar eine weitere »Verordnung zum Schutze von Volk und Staat« (»Reichstagsbrandverordnung«), mit der grundlegende Verfassungsrechte außer Kraft gesetzt wurden. *(Dokument 27)* In der Verordnung heißt es: »Es sind … Beschränkungen der persönlichen Freiheit, des Rechts der freien Meinungsäußerung, einschließlich der Pressefreiheit, des Vereins- und Versammlungsrechts, Eingriffe in das Brief-, Post-, Telegraphen- und Fernsprechgeheimnis, Anordnungen von Haussuchungen und von Beschlagnahmen sowie Beschränkungen des Eigentums auch außerhalb der sonst hierfür bestimmten gesetzlichen Grenzen zulässig.«

Es gibt nur wenige Ereignisse aus der Phase der Etablierung der faschistischen Herrschaft in Deutschland, die so umfangreich erforscht und aufgearbeitet wurden wie der Reichstagsbrand. Schon unmittelbar nach dem Brand begannen Antifaschisten mit der Sicherung von Informationen, um dessen Inszenierung zu belegen. Während die Hitlerregierung für den Herbst 1933 einen großangelegten Prozess gegen Marinus van der Lubbe sowie den Vorsitzenden der kommunistischen Reichstagsfraktion Ernst Torgler und die drei bulgarischen Kommunisten Georgi Dimitroff, Blagoi Popow und Wassil Tanew vorbereitete, der die »kommunistische Verschwörung« belegen sollte, arbeitete in Paris ein internationales Komitee unter Leitung von Willi Münzenberg, der zu dem Zeitpunkt bereits ins französische Exil geflüchtet war, an einer Gegenaufklärung. Das Komitee veröffentlichte schon am 1. August 1933 das »Braunbuch über Reichstagsbrand und Hitlerterror«, in dem trotz damals noch fehlender Dokumente die Täterschaft der SA mit vielfältigen Indizien und Zeugenaussagen belegt wurde.

Die Wirkung des »Braunbuches« war überwältigend. Es erschien in 17 Sprachen und in mehreren Millionen Exemplaren. Außerdem zeigte es an vielen Beispiel und Dokumenten den Charakter der NS-Herrschaft als terroristische Macht. Der weltweit beachtete Prozess selbst endete im Dezember 1933 mit einem Todesurteil gegen van der Lubbe, während die angeklagten Kommunisten freigesprochen werden mussten. Nicht zuletzt das mutige Auftreten Georgi Dimitroffs vor Gericht und seine Widerlegung der erhobenen Beschuldigungen sorgten für internationalen Druck, dem sich das Gericht nicht entziehen konnte.

Der Reichstagsbrand leitete eine brutale Steigerung der Repression ein. Bis Mitte März 1933 wurden bei zahllosen Massenverhaftungen mehrere 10.000 Menschen in sogenannten »wilden Konzentrationslagern« oder anderen Haftstätten eingekerkert Solche Verhaftungen außerhalb jeglicher Rechtsnorm wurden als »Schutzhaft« ausgegeben. »Wilde KZ« waren Treffpunkte der SA oder von ihr umfunktionierte öffentliche Gebäude, wobei die Verhafteten schutzlos der Willkür und den Quälereien ihrer Bewacher ausgesetzt waren. Aus vielen Orten liegen Berichte vor, dass Nazigegner in diesen »wilden KZ« zu Tode gequält wurden. *(Dokument 30)*

Um in die Massenverhaftungen »Ordnung« zu bringen, wurde auf Anweisung des thüringischen NSDAP-Innenministers Fritz Sauckel am 3. März 1933 in einer Militärschule bei Weimar das KZ Nohra als erstes Konzentrationslager des »Dritten Reiches« eingerichtet. Am 13. März 1933 folgte auf Befehl des Münchner kommissarischen Polizeipräsidenten Heinrich Himmler die Errichtung des Konzentrationslagers Dachau (bei München), das der SS unterstellt war. *(Dokument 29)* Am 21. März 1933 wurde mit dem KZ Oranienburg (nördlich von Berlin) auf dem Gelände einer ehemaligen Brauerei das erste staatliche Konzentrationslager Preußens in der Verantwortung der SA eingerichtet.

Zum 1. Mai 1933 ordnete der Staatskommissar für das Polizeiwesen im Volksstaat Hessen, Werner Best, die Errichtung eines KZ für den Volksstaat in Osthofen bei Worms an. Tatsächlich bestand dieses Lager schon früher. Bereits am 6. März wurden Häftlinge aus dem Ort Osthofen im Lager registriert. Der erste größere Transport umfasste dann ungefähr 80 politische »Schutzhäftlinge«. In den folgenden Wochen wurden weitere Lager in allen Teilen des deutschen Reiches errichtet, darunter das KZ Ahrensbök, das KZ Bad Sulza, das KZ Brandenburg an der Havel, das KZ Breitenau, das KZ Breslau-Dürrgoy, das KZ Esterwegen, besser bekannt als Moorlager, das KZ Kemna und das KZ Sonnenburg. Die sogenannten »wilden KZ« wurden damit aufgelöst.

Wie der am 28. Februar verhaftete August Baumgarte in seinen Erinnerungen schildert, war die politische Zusammensetzung der »Schutzhäftlinge« in diesen Lagern recht eindeutig. Er nennt für das »Arbeitshaus« Moringen bei Hannover, in dem er selbst inhaftiert war, die Zahl von 280 Kommunisten, 30 Sozialdemokraten und 20 Mitgliedern anderer Parteien. *(Dokument 28)* Diese politische Zusammensetzung war ähnlich in fast allen dieser frühen Lager, wenn man vorliegende Listen der »Schutzhäftlinge« auswertet. Die Dauer der Inhaftierung in diesen Lagern war in den ersten Monaten des Jahres 1933 noch recht kurz. Die »Schutzhaft« und die Überführung in die Lager hatten vor allem die Funktion der Einschüchterung der politischen Gegner. *(Dokument 31)*

Bei ihrer Entlassung wurden alle Häftlinge angewiesen, Stillschweigen über die Zustände im Lager und die Misshandlungen durch die Wachmannschaften zu wahren. Anderenfalls wurde die erneute Verhaftung angedroht.

***

Dokument 25

Regierungserklärung des Hitler-Papen-Hugenberg-Kabinetts vom 1. Februar 1933

An das Deutsche Volk!
Das Elend unseres Volkes ist entsetzlich! Dem arbeitslos gewordenen, hungernden Millionen-Proletariat der Industrie folgt die Verelendung des gesamten Mittel- und Handwerksstandes. Wenn sich dieser Verfall auch im deutschen Bauern endgültig vollendet, stehen wir

in einer Katastrophe von unübersehbarem Ausmaß. Denn nicht nur ein Reich zerfällt dann, sondern eine zweitausendjährige Erbmasse an hohen und höchsten Gütern menschlicher Kultur und Zivilisation.

Drohend künden die Erscheinungen um uns den Vollzug dieses Verfalls. In einem unerhörten Willens- und Gewaltansturm versucht die kommunistische Methode des Wahnsinns das in seinem Innersten erschütterte und entwurzelte Volk endgültig zu vergiften und zu zersetzen, um es einer Zeit entgegenzutreiben, die sich zu den Versprechungen der kommunistischen Wortführer von heute noch schlimmer verhalten würde als die Zeit hinter uns zu den Versprechungen derselben Apostel im November 1918.

Angefangen bei der Familie, über alle Begriffe von Ehre und Treue, Volk und Vaterland, Kultur und Wirtschaft hinweg bis zum ewigen Fundament unserer Moral und unseres Glaubens, bleibt nichts verschont von dieser nur verneinenden, alles zerstörenden Idee. 14 Jahre Marxismus haben Deutschland ruiniert. Ein Jahr Bolschewismus würde Deutschland vernichten. Die heute reichsten und schönsten Kulturgebiete der Welt würden in ein Chaos und Trümmerfeld verwandelt.

...

So wird es die nationale Regierung als ihre oberste und erste Aufgabe ansehen, die geistige und willensmäßige Einheit unseres Volkes wieder herzustellen. Sie wird die Fundamente wahren und verteidigen, auf denen die Kraft unserer Nation beruht. Sie wird das Christentum als Basis unserer gesamten Moral, die Familie als Keimzelle unseres Volks- und Staatskörpers in ihren festen Schutz nehmen. Sie wird über Stände und Klassen hinweg unser Volk wieder zum Bewusstsein seiner volklichen und politischen Einheit und der daraus entspringenden Pflichten bringen. Sie will die Ehrfurcht vor unserer großen Vergangenheit, den Stolz auf unsere alten Traditionen zur Grundlage machen für die Erziehung der deutschen Jugend. Sie wird damit der geistigen, politischen und kulturellen Nihilisierung einen unbarmherzigen Krieg ansagen. Deutschland darf und wird nicht im anarchistischen Kommunismus versinken. ...

Wir Männer dieser Regierung fühlen uns vor der deutschen Geschichte verantwortlich für die Wiederherstellung eines geordneten Volkskörpers und damit für die endgültige Überwindung des Klassenwahnsinns und Klassenkampfes. Nicht einen Stand sehen wir, sondern das deutsche Volk ...

Die Parteien des Marxismus und seiner Mitläufer haben vierzehn Jahre lang Zeit gehabt, ihr Können zu beweisen. Das Ergebnis ist ein Trümmerfeld.

Nun, deutsches Volk, gib uns die Zeit von vier Jahren, und dann urteile und richte uns!

Quelle: Völkischer Beobachter, 2. Februar 1933

Dokument 26
Dokumente zum Reichstagsbrand am 27. Februar 1933

Aussage eines SA-Mannes:
»Am 27. Februar erhielten wir mittags den Befehl, bis auf weiteres in unseren Unterkünften zu bleiben. Strenges Verbot, sich in Gruppen auf der Straße zu zeigen. ... Wir wussten nicht, was das bedeuten sollte, und warteten. Bis auf einmal, um 10 Uhr abends, der Befehl kam: ›Alles im Laufschritt zum Brandenburger Tor! Waffen zu Hause lassen! Absperrdienst. Der Reichstag brennt.‹

Der Berliner Gruppenführer Ernst versammelte einige von uns in der Bierstube an der Ecke Wilhelm- und Dorotheenstraße. Er beauftragte uns, in die verschiedenen Stadtteile zu eilen und in Kneipen und an Straßenecken zu verbreiten, dass die Kommunisten den Reichstag angezündet hätten, dass man bestimmte Beweise in der Hand habe – kurz alles das, was am nächsten Tag in der Presse stand.

Um diese Zeit war noch nicht bekannt, dass van der Lubbe ein Holländer ist und dass der Abgeordnete Torgler als letzter den Reichstag verlassen hatte. Uns wurde dies alles als feststehende Tatsache mitgeteilt ...«

Hitler besucht den Tatort

Wenige Minuten nachdem der Reichstagsbrand gemeldet wird, erscheint Göring, kurz nach ihm Hitler und Goebbels an der Brandstätte. Sefton Delmar, der Berliner Korrespondent des *Daily Express* ist in seiner Gesellschaft. … Delmar schildert in seinem Bericht vom Brandort eine Szene, die sich aller Berechnung nach ungefähr zwanzig bis dreißig Minuten nach der Entdeckung des Brandes abgespielt haben muss. Hitler, der eben an der Brandstätte eingetroffen war, wandte sich an den Vizekanzler von Papen mit folgenden Worten:

›Das ist ein von Gott gegebenes Zeichen. Niemand wird uns nun daran hindern, die Kommunisten mit eiserner Faust zu vernichten.‹

Und zu Delmar gewendet führ Hitler fort:

›Sie sind Zeuge einer großen neuen Epoche in der deutschen Geschichte. Dieser Brand ist ihr Beginn.‹

Der Kanzler des 3. Reichs sprach diese Worte zu einer Zeit, wo die ›Schuld‹ der Kommunisten noch gar nicht festgestellt sein konnte, wo van der Lubbe erst mit Hilfe eines Dolmetschers verhört wurde. … Er konnte demnach zur Zeit, wo Hitler den eben zitierten Ausspruch tat, noch keinerlei ›umfassendes Geständnis‹ gemacht haben, das Hitler als Unterlage für seinen Ausspruch, für seine Anschuldigungen gegen die Kommunisten hätte dienen können.«

Quelle: Braunbuch über Reichstagsbrand und Hitlerterror, Reprint 1973, S. 107 ff

Dokument 27

Verordnung des Reichspräsidenten zum Schutz von Volk und Staat

28. Februar 1933

Auf Grund des Artikels 48 Abs. 2 der Reichsverfassung wird zur Abwehr kommunistischer staatsgefährdender Gewaltakte folgendes verordnet:

§ 1 Die Artikel 114, 115, 117, 118, 123, 124 und 153 der Verfassung des Deutschen Reichs werden bis auf weiteres außer Kraft gesetzt. Es sind daher Beschränkungen der persönlichen Freiheit, des Rechts der freien Meinungsäußerung, einschließlich der Pressefreiheit, des Vereins- und Versammlungsrechts, Eingriffe in das Brief-, Post-, Telegraphen- und Fernsprechgeheimnis, Anordnungen von Haussuchungen und von Beschlagnahmen sowie Beschränkungen des Eigentums auch außerhalb der sonst hierfür bestimmten gesetzlichen Grenzen zulässig.

§ 2 Werden in einem Lande die zur Wiederherstellung der öffentlichen Sicherheit und Ordnung nötigen Maßnahmen nicht getroffen, so kann die Reichsregierung insoweit die Befugnisse der obersten Landesbehörde vorübergehend wahrnehmen.

§ 3 Die Behörden der Länder und Gemeinden (Gemeindeverbände) haben den auf Grund des § 2 erlassenen Anordnungen der Reichsregierung im Rahmen ihrer Zuständigkeit Folge zu leisten.

Diese Verordnung tritt mit dem Tage der Verkündung in Kraft.
Berlin, den 28. Februar 1933
Der Reichspräsident von Hindenburg
Der Reichskanzler Adolf Hitler
Der Reichsminister des Innern Frick
Der Reichsminister der Justiz Dr. Gürtner

Quelle: Reichsgesetzblatt I/1933, Nr. 17, 28. Februar 1933

Dokument 28

Im »Arbeitshaus« von Moringen

Von August Baumgarte

28. Februar 1933: Morgens, 5 Uhr, erschien die Polizei und holte uns aus den Betten. Wir erfuhren, dass in der Nacht der Reichstag gebrannt hatte. Mein Bruder und ich wurden mit Polizeieskorte durch die Straßen zur Wache am Klagesmarkt geführt. Von dort ging es

mit einem Polizeiwagen in die Haftstation des Präsidiums in der Hardenbergstraße. ... Dort sortierte man. Ich kam in eine Einzelzelle, in der schon drei Mann lagen. ... Kaum einer hat damals daran gedacht, dass eine so brutale Diktatur möglich sei und Hitler sich 12 Jahre an der Macht halten könnte.

Im März wurden wir als ›Schutzhäftlinge‹ nach Moringen überführt und in das sogenannte Arbeitshaus eingesperrt. In zwei großen Sälen lagen 280 Kommunisten, 30 Sozialdemokraten und 20 Mitglieder anderer Parteien. Am 2. Mai wurde eine Amnestie erlassen. Etwa 100 Häftlinge durften nach Hause. Nach und nach wurden neue eingeliefert. Zuerst durften wir als »Freiwillige« Wege und Straßen bauen – unter Bewachung von SA-Leuten. Dann wollte man uns zur Arbeit zwingen. Wir forderten tarifliche Bezahlung. Wir hatten abgesprochen, alles gemeinsam zu tun. Die SA versuchte, uns gegenseitig auszuspielen. Doch wir hielten zusammen. Das machte unsere Bewacher wild. Sie finden an zu schlagen. Willkürlich holten sie einzelne von uns raus und prügelten sie im Bunker. ... Nach vier Wochen wurde unsere Wachmannschaft abgelöst. Jetzt kam die SS! Was sich nun abspielte, ist unbeschreiblich. Jeden Tag wurden mehrere Razzien durchgeführt. Jeder, der den SS-Banditen nicht passte, wurde im Bunker durchgeprügelt. Derartige Exzesse waren an der Tagesordnung. Das ging vier Wochen lang. Dann wurden wir aufgeteilt. Ein Teil von uns kam nach Esterwegen, der andere nach Oranienburg.

Quelle: Gerda Zorn, Widerstand in Hannover, Frankfurt/Main 1977, S. 72 f

Dokument 29

Ein Konzentrationslager für politische Gefangene in der Nähe von Dachau

In einer Pressebesprechung teilte der kommissarische Polizeipräsident von München Himmler mit:

Am Mittwoch wird in der Nähe von Dachau das erste Konzentrationslager eröffnet. Es hat ein Fassungsvermögen von 5000 Menschen. Hier werden die gesamten kommunistischen und – soweit notwendig – Reichsbanner- und marxistischen (d.h. sozialdemokratischen; U. Sch.) Funktionäre, die die Sicherheit des Staates gefährden, zusammengezogen, da es auf Dauer nicht möglich ist, wenn der Staatsapparat nicht so sehr belastet werden soll, die einzelnen kommunistischen Funktionäre in den Gerichtsgefängnissen zu lassen, während es andererseits auch nicht angängig ist, diese Funktionäre wieder in die Freiheit zu lassen. Bei einzelnen Versuchen, die wir gemacht haben, war der Erfolg der, dass sie weiter hetzen und zu organisieren versuchen. Wir haben diese Maßnahme ohne jede Rücksicht auf kleinliche Bedenken getroffen in der Überzeugung, damit zur Beruhigung der nationalen Bevölkerung und in ihrem Sinn zu handeln.

Weiter versicherte Polizeipräsident Himmler, dass die Schutzhaft in den einzelnen Fällen nicht länger aufrechterhalten werde, als notwendig sei. Es sei aber selbstverständlich, dass das Material, das in ungeahnter Menge beschlagnahmt wurde, zur Sichtung längere Zeit benötigt. Die Polizei werde dabei nur aufgehalten, wenn dauernd angefragt werde, wann dieser oder jener Schutzhäftling freigelassen werde. Wie unrichtig die vielfach verbreiteten Gerüchte über die Behandlung von Schutzhäftlingen seien, gehe daraus hervor, dass einigen Schutzhäftlingen, die es wünschten, wie z.B. Dr. Gerlich und Frhr. v. Aretin, priesterlicher Zuspruch anstandslos genehmigt worden sei.

Quelle: Münchner Neueste Nachrichten, 21. März 1933

Dokument 30

Ermordete Nazigegner in den ersten Wochen der Machtetablierung

Die Gesamtzahl der in der Anfangsphase ermordeten Personen ist umstritten. Konrad Heiden nennt schon für die ersten 1930er Jahren etwa

200 Opfer des NS-Terrors. Für die Zeit bis zum 30. Juni 1934 dürfte die Zahl der Ermordeten bei 800 bis 1200 liegen. Das Braunbuch II spricht – basierend auf einer Geheimmeldung des Polizeipräsidiums an das preußische Innenministerium – allein in Berlin in der Zeit zwischen Reichstagsbrand und dem 25. März 1933 von 247 Toten bei »politischen Zusammenstößen«. Nachfolgend ein kleiner Auszug mit einigen Namen, die exemplarisch für die Gesamtzahl der Opfer in diesen Monaten stehen (Ulrich Schneider):

- **Heinz Bässler** (gest. 4. April 1933 in Düsseldorf), Arbeiter, Kommunist, 1931 aus der SA ausgetreten und zu den Kommunisten gewechselt, am 4. April 1933 in Düsseldorf von SA-Angehörigen auf offener Straße niedergeschossen.
- **Hans Balschukat** (geb. 28. August 1913 in Berlin; gest. 8. März 1933 in Berlin), Arbeiter aus Berlin-Schöneberg, Mitglied der Roten Hilfe, am 8. März 1933 von drei SA-Leuten verhaftet, Tage später im Machnower Forst tot aufgefunden.
- **Albert Barnikau** (gest. 12. Februar 1933 in Dortmund), Bergmann, Kommunist, bei einem Überfall von SA-Leuten in Dortmund-Asseln auf eine Gruppe Kommunisten auf offener Straße durch einen Messerstich in den Rücken getötet.
- **Ernst Bassy** (gest. 5. März in Bankau, Oberschlesien), Sozialdemokrat, Parteifunktionär, von SA-Leuten erschossen.
- **Max Bilecki** (gest. 27. März 1933 in Berlin), führend im Rotfrontkämpferbund in Berlin-Schöneberg, in das SA-Gefängnis Papestraße verschleppt, misshandelt und an seinen Verletzungen gestorben.
- **Walter Böge** (geb. 6. April 1892; gest. 20. März 1933 in Löbau), Sozialdemokrat, bei der Besetzung der *Volkszeitung* verhaftet, beim Versuch, aus dem Braunen Haus zu fliehen, von SA-Angehörigen erschossen.
- **Hans Dornemann** (geb. 5. März 1898 in Aachen; gest. März 1933 in Düsseldorf), Sekretär der Gemeinschaft proletarischer Freidenker, im März 1933 von SA-Leuten in Düsseldorf erschossen.

- **Max Ebel** (geb. 1878; gest. 11. April 1933 in Berlin), Buchdrucker, Gewerkschaftssekretär, Geschäftsführer der Ambulatorien des Verbandes der Krankenkasse Berlin, von der SA am 10. April 1933 in Schutzhaft genommen, in das SA-Gefängnis Papestraße verschleppt, dort unter ungeklärten Umständen verstorben.
- **Otto Fabian** (geb. 1909; gest. 5. März 1933 in Kellinghusen), Rotsportler, traf am 5. März 1933 in der Feldstraße in Kellinghusen auf SA-Leute vom SA-Sturm 13/212, von dem SA-Mann Lempfert niedergeschossen.
- **Paul Fischer** (gest. 5. Februar 1933 in Chemnitz), Reichsbannermann in Chemnitz (Mitglied der Kameradschaft Haubach), in einem Handgemenge mit Nationalsozialisten erstochen.
- **Julius Frank** (geb. 1910; gest. 7. März 1933) Reichsbannermitglied, Jude, verhaftet und in ein SA-Lokal verschleppt, dort misshandelt und von SA-Angehörigen totgeschlagen (Dolgesheimer Mord).
- **August Grotehenne** (gest. 28. März 1933 in Langelsheim) Gewerkschaftsfunktionär, von SA-Leuten in die Gastwirtschaft Bokemüller in Langelsheim verschleppt, dort bewusstlos geschlagen und immer wieder ins Bewusstsein zurückgeholt, um ihn weiter zu misshandeln.
- **Mendel Haber** (gest. Ende April 1933), jüdischer Kaufmann aus Dortmund, Ende April 1933 von der SA festgenommen und in eine SA-Kaserne eingeliefert, Anfang Mai 1933 tot im Dortmund-Ems-Kanal gefunden.
- **Konrad Klaas,** Kommunist, im März 1933 verhaftet, am 5. März zusammen mit zahlreichen anderen Verhafteten provisorisch in der Turnhalle des Oberhausener Realgymnasiums untergebracht und zusammen mit **Leo Longueville** während des Entleerens der Notdurftkübel der Gefangenen auf dem Hof des Realgymnasiums willkürlich von SA-Leuten erschossen.
- **Felix Philipp** (geb. 4. März 1868 in Hirschberg; gest. 8. März 1933 in Breslau) Metallarbeiter, Gewerkschaftssekretär, bei der Beset-

zung des Breslauer Gewerkschaftshauses von SA-Angehörigen erschossen

- **Max Plaut** (geb. 1. Juni 1888 in Kassel; gest. 31. März 1933 in Kassel), Rechtsanwalt, Jude, persönlicher Feind von Roland Freisler, damaligem NSDAP-Kommunalpolitiker in Kassel, am 24. März 1933 von SA-Leuten in die Kasseler Bürgersäle verschleppt und schwer misshandelt, nach wenigen Tagen an seinen Verletzungen gestorben
- **Anna Roeder** (geb. 1876; gest. 5./6. Februar 1933), Wirtin des kommunistischen Verkehrslokals Pappschachtel in der Berliner Rubensstraße, bei einem Überfall von SA-Leuten des Sturms 6 auf ihr Lokal am Abend des 5. Februar 1933 von einem SA-Mann niedergeschossen.
- **Michael Rodenstock** (geb. 11. März 1883; gest. 2. Mai 1933 in Duisburg), Schlosser, Sekretär des Gesamtverbandes der Arbeitnehmer der öffentlichen Betriebe, im SA-Gefängnis im Keller des Freigewerkschaftshauses von SA-Leuten erschlagen und mit weiteren Opfern der Gewalttat im Wald zwischen Duisburg und Dinslaken verscharrt.
- **Katharina Sennholz** (geb. 3. September 1902 in Duisburg; gest. 1. Februar 1933 in Duisburg), Arbeiterin, am Abend des 1. Februar 1933, während sie im Hauseingang in der Bachstraße in Horchfeld mit ihrem Bruder stand, von einem Lastwagen aus unter Beschuss genommen und getötet.
- **Matthias Theißen** (gest. 10. April 1933 in Braunschweig) Sekretär des Baugewerksbundes in Braunschweig, im März 1933 von der SA verhaftet, im »Volksfreunde-Haus« schwer misshandelt, mit schweren Verletzungen im Krankenhaus gestorben

Quelle: https://de.wikipedia.org/wiki/Liste_von_Todesopfern_des_nationalsozialistischen_Terrors_w%C3%A4hrend_der_Machteroberungsphase_1933/1934, dort auch Einzelnachweise

Dokument 31

Zahl der »Schutzhäftlinge«

Übersicht des Reichsministeriums des Innern

Übersicht über die am 31. Juni 1933 in Schutzhaft befindlichen Personen

Preußen	14.906
Bayern	4.152
Sachsen	4.500
Württemberg	971
Baden	539
Thüringen	16
Hessen (Volksstaat)	145
Hamburg	682
Meckl.-Schwerin	35
Braunschweig	248
Oldenburg	170
Anhalt	112
Bremen	229
Lippe-Detmold	17
Lübeck	27
Meckl.-Strelitz	16
Schaumburg-Lippe	24
Zusammen	**26.789**

Quelle:
Bundesarchiv Abt. Potsdam, Film Nr. 19609

Kapitel 8

Die NSDAP sucht Verbündete

Aus den Erfahrungen der bisherigen Präsidialkabinette, die sich vor allem auf die Unterstützung des Reichspräsidenten stützen konnten, war deutlich geworden, dass für eine längerfristige Machtsicherung weitere gesellschaftliche Kräfte gewonnen werden mussten. Insbesondere ging es dem Hitler-Kabinett darum, auch die Reichswehr auf seine Seite zu ziehen, da in deren Reihen durchaus Vorbehalte bestanden gegenüber der NSDAP und insbesondere gegenüber dem Machtanspruch der SA, die sich als Kern eines neuen »Volksheeres« ansah, das die monarchistische Reichswehr ablösen würde.

Und so war es nur folgerichtig, dass Hitler bereits am 3. Februar 1933 zu einem Gespräch mit der Reichswehrführung zusammentraf. Als formaler Rahmen wurde ein Abendessen in der Privatwohnung des Chefs der Heeresleitung General Kurt von Hammerstein-Equord gewählt. Schon vorher hatte Reichswehrminister Werner von Blomberg der Generalität versichert, die Reichswehr als überparteiliches Machtmittel erhalten zu wollen. Man ziele aber auf die »Wehrhaftmachung des Volkes«, was schon damals als Wiedereinführung der – durch den Versailler Vertrag verbotenen – allgemeinen Wehrpflicht verstanden wurde.

Am Treffen am 3. Februar nahmen die Heereskommandeure der Wehrkreise und die Befehlshaber der Marine um den Chef der Marineleitung, Admiral Erich Raeder, teil. Neben Hitler, Blomberg und Konstantin von Neurath war auch noch General Walter von Reichenau aus dem Reichswehrministerium vertreten. Ausweislich der Mitschrift von Generalleutnant Liebmann *(Dokument 32)* gelang es Hitler an diesem Abend, Vorbehalte der Reichswehrführung zu zerstreuen. Seine Botschaften waren knapp und entsprachen den Vorstellungen der Armeeführung: Außenpolitisch »Kampf gegen Versailles!« und innenpolitisch »Ausrottung des Marxismus mit Stumpf und Stiel. … Ertüchtigung der Jugend und Stärkung des Wehrwillens mit allen Mitteln. … Beseitigung des Krebsschadens der Demokratie!«

Wichtig für die Generalität war auch Hitlers Zusage, dass die Reichswehr »überparteilich« bleiben solle: »Der Kampf im Inneren nicht ihre Sache, sondern der Nazi-Organisation«, hieß es in der Mitschrift.

Nach diesem Auftritt stand die Reichswehrführung ohne Einschränkung auf der Seite der neuen Regierung.

Im gleichen Sinne fand am 20. Februar auf Einladung von Hermann Göring in dessen Privathaus auch ein Treffen mit führenden Vertretern der deutschen Banken und der Großindustrie statt. *(Dokument 33)* Diesmal war der IG Farben-Konzern, der sich vor 1933 bezogen auf die öffentliche Unterstützung der NSDAP etwas bedeckt gehalten hatte, gleich mit vier Mitgliedern des Vorstandes vertreten. Auch hier erläuterte Adolf Hitler die politische Zielsetzung der neuen Rechtsregierung. Er machte den Industriellen deutlich, dass die Regierung »die Gefahr des Kommunismus« erkannt habe und gerade auf dem Weg sei, einen entscheidenden Sieg zu erringen. Der letzte Schritt dazu seien die Reichstagswahlen vom 5. März 1933. Entscheidend sei, dass die NSDAP im Bündnis mit der »Kampffront Schwarz-Weiß-Rot«, dem Zusammenschluss von DNVP, »Stahlhelm« und »Landbund«, auch eine parlamentarische Mehrheit erhalte. Dazu seien jetzt erhebliche Geldmittel für die Wahlpropaganda notwendig, da keine Gelder der Reichsregierung für diesen Wahlkampf eingesetzt werden sollten. Nachdem Hitler den Raum verlassen hatte, schlug Reichsbankpräsident Hjalmar Schacht die Einrichtung eines Wahlkampffonds in Höhe von drei Millionen Reichsmark vor.

In der Aussprache wurde den Unternehmern diese Zahlung auch mit dem Argument »schmackhaft« gemacht, dass – sollte die NSDAP erfolgreich sein – dies auf lange Zeit die letzten Reichstagswahlen im Deutschen Reich sein würden. Und das Ergebnis sprach für sich. Zwar gingen bis zur Reichstagwahl selber »nur« zwei Millionen Reichsmark auf dem Konto »Nationale Treuhand, Dr. Hjalmar Schacht« beim Bankhaus Delbrück Schickler & Co. ein. Aber diese Aktion machte deutlich, dass Großindustrie, Bergbau und Banken zu den Förderern der Hitler-Hugenberg-Papen-Regierung gehörten. *(Dokument 34)*

Unmittelbar nach der Reichstagswahl vom 5. März machten Vertreter der Industrie deutlich, dass sie von der Regierung nun auch Ergebnisse erwarteten, wie es im Rundschreiben der Deutschen Gruppe des Mitteleuropäischen Wirtschaftstages sichtbar wird. In blumiger Sprache begrüßte man als »besonders erfreuliches Kennzeichen der jetzigen Lage«, dass eine »Ausschaltung der durch die Zerrissenheit unseres politischen und wirtschaftlichen Lebens bisher immer vorliegenden Störungsmomente« erreicht sei. Man registrierte bereits, dass diese Regierung politische Versammlungen der Arbeiterbewegung, Streiks und andere »Störungsmomente« unterbunden habe. *(Dokument 35)*

Vor allem für den ländlichen und kleinstädtischen Raum war es von eminenter Bedeutung für die Machtsicherung, dass auch die Kirchen als Unterstützer der neuen Regierung gewonnen werden konnten.

Bezogen auf die evangelische Kirche waren nur geringe Anstrengungen nötig. Schon 1932 gab es hier unter dem Titel »Die Kirche und das Dritte Reich« eine ausführliche Debatte, wie sich der Protestantismus zur NSDAP stelle. Es zeigte sich, dass insbesondere die Generation der jüngeren Pfarrer mit großer Offenheit auf die Nazibewegung zuging, in der sie eine neue religiöse, quasi volkskirchliche Erweckung sah. Das hatte auch damit zu tun, dass die Mehrzahl der evangelischen Landeskirchen ein sehr distanziertes Verhältnis zur Weimarer Republik hatte und dem Verlust des Kaisers und obersten Kirchenherren des Protestantismus. Während Demokratie und »Unmoral« der goldenen Zwanziger Jahre als Verkommenheit der neuen Zeit bekämpft wurden, sahen Repräsentanten und kirchenleitende Gremien in den völkischen und nationalistischen Parteien und Organisationen natürliche Verbündete der evangelischen Kirche. Bezogen auf die NSDAP glaubte man, in der Aussage des Parteiprogramms, die Partei stehe auf dem Boden eines positiven Christentums, eine Affinität zwischen der faschistischen Bewegung, die den »gottlosen Bolschewismus« bekämpft, und dem Wollen der Kirche ausmachen zu können.

Und so war es nur folgerichtig, dass innerhalb des deutschen Protestantismus die Ernennung Hitlers zum Reichskanzler auf große Begeisterung stieß. Im Februar und März 1933 gab es – anfangs spontan, später durch landeskirchliche Verfügung gestützt – in zahllosen Kirchengemeinden Dankgottesdienste für die neue Regierung. Man versprach, dieser neuen Macht nicht nur im lutherischen Obrigkeitsverständnis untertan zu sein, sondern sie »mit freudigem Ja« in allen ihren Belangen zu unterstützen.

Der Generalsuperintendent der Kurmark in der Evangelischen Kirche der Altpreußischen Union, Otto Dibelius, der selber Mitglied in der DNVP war, hielt am 21. März 1933, dem »Tag von Potsdam«, eine Predigt zur Eröffnung des Reichstages. Unter dem Bibelwort »Ist Gott für uns, wer mag wider uns sein?« erteilte er dem Terror der neuen Regierung eine kirchliche Generalabsolution. »Wenn der Staat seines Amtes waltet gegen die, die die Grundlagen der staatlichen Ordnung untergraben, gegen die vor allem, die mit ätzendem und gemeinem Wort die Ehe zerstören, den Glauben verächtlich machen, den Tod für das Vaterland begeifern – dann walte er seines Amtes in Gottes Namen!« *(Dokument 36)*

Dass diese begeisterte Unterstützung seitens des NS-Regimes im Laufe der Zeit nicht in gleichem Maße erwidert wurde, führte zu Verwerfungen, die ihrerseits in Form der »Bekennenden Kirche« schließlich eine innerkirchliche Oppositionsbewegung hervorbrachten.

Das Verhältnis der katholischen Kirche zur NSDAP war distanzierter. Sie war grundsätzlich mit den katholischen Parteien Zentrum und Bayerische Volkspartei verbunden, so dass die NSDAP, die sich als Konkurrenz zum Zentrum aufstellte, abgelehnt wurde. Die Tatsache, dass Franz von Papen, früher selbst Mitglied der Zentrumspartei, nun in der neuen Reichsregierung Vizekanzler war, erleichterte es den Bischöfen aber, der Rechtsregierung ihre Unterstützung zu geben. Zwar gab es in der gemeinsamen Ablehnung der Weimarer Republik keinen großen Dissens, jedoch klangen die Aussagen der NSDAP zur Rolle der Kirche in der Gesellschaft für die katholische Hierarchie, die ihre Orientierung auf Rom besaß, nicht überzeugend. Noch im März 1931 äußerten die Bischöfe der Paderborner Kirchenprovinz in einem Hirtenbrief zwar Verständnis, wenn Katholiken »durch die Unzufriedenheit mit den heutigen politischen und wirtschaftlichen Verhältnissen sich zum Anschluss an die NSDAP haben bestimmen und durch religiös klingende Redewendungen von Wahlrednern haben täuschen lassen«. Gleichzeitig sei jedoch die Zugehörigkeit zur NSDAP für katholische Christen »unerlaubt«.

Das änderte sich mit dem Regierungsantritt Hitlers. Nun konnten die deutschen Bischöfe festhalten, der »Führer der Bewegung« habe »öffentlich und feierlich Erklärungen gegeben …, durch die der Unverletzlichkeit der katholischen Glaubenslehre und den unveränderlichen Aufgaben und Rechten der Kirche Rechnung getragen sowie die vollinhaltliche Geltung der von den einzelnen Ländern mit der Kirche abgeschlossenen Staatsverträge durch die Reichsregierung ausdrücklich zugesichert wird.« *(Dokument 37)* Und mit dem Reichskonkordat zwischen dem Deutschen Reich und dem Vatikan vom 20. Juli 1933, sorgte die katholische Kirche für eine erste diplomatische Anerkennung der neuen Reichsregierung. Hier zeigte sich eine weitgehende Übereinstimmung mit den Zielen der faschistischen Regierung. In einer Geheimvereinbarung wurde sogar eine Regelung getroffen, wie »im Falle einer Umbildung des gegenwärtigen deutschen Wehrsystems im Sinne der Einführung einer allgemeinen Wehrpflicht … die Heranziehung von Priestern und anderen Mitgliedern des Welt- und Ordensklerus zur Leistung der Militärdienstpflicht im Einvernehmen mit dem Heiligen Stuhl« geregelt werden solle.

***

Dokument 32

Rede Hitlers vor der Reichswehr – 3. Februar 1933

Niederschrift von Generalleutnant Liebmann

Ziel der Gesamtpolitik allein: Wiedergewinnung der politischen Macht. Hierauf muss gesamte Staatsführung eingestellt werden

1. Im Inneren. Völlige Umkehrung der gegenwärtigen, innenpolitischen Zustände in Deutschland. Keine Duldung der Betätigung irgendeiner Gesinnung, die dem Ziel entgegensteht (Pazifismus). Wer sich nicht bekehren lässt, muss gebeugt werden. Ausrottung des Marxismus mit Stumpf und Stiel. Einstellung der Jugend und des ganzen Volkes auf den Gedanken, dass nur der Kampf uns retten kann und diesem Gedanken gegenüber alles zurückzutreten hat. (Verwirklicht in den Millionen der Nazibewegung. Sie wird wachsen.) Ertüchtigung der Jugend und Stärkung des Wehrwillens mit allen Mitteln. Todesstrafe für Landes- und Volksverrat. Straffste autoritäre Staatsführung. Beseitigung des Krebsschadens der Demokratie!
2. Nach außen. Kampf gegen Versailles. Gleichberechtigung in Genf; aber zwecklos, wenn Volk nicht auf Wehrwillen eingestellt. Sorge für Bundesgenossen.
3. Wirtschaft! Der Bauer muss gerettet werden! Siedlungspolitik! Künftige Streichung der Ausfuhr zwecklos. Aufnahmefähigkeit der Welt ist begrenzt und Produktion ist überall übersteigert. Im Siedeln liegt die einzige Möglichkeit, Arbeitslosenheer z.T. wieder einzuspannen. Aber braucht Zeit und radikale Änderung nicht zu erwarten, da Lebensraum für deutsches Volk zu klein.

4. Aufbau der Wehrmacht wichtigste Voraussetzung für Erreichung des Ziels: Wiedererringung der politischen Macht. Allgemeine Wehrpflicht muss wieder kommen. Zuvor aber muss Staatsführung dafür sorgen, dass die Wehrpflichtigen vor Eintritt nicht schon durch Pazifismus, Marxismus, Bolschewismus vergiftet werden oder nach Dienstzeit diesem Gifte verfallen.

Wie soll politische Macht, wenn sie gewonnen ist, gebraucht werden? Jetzt noch nicht zu sagen. Vielleicht Erkämpfung neuer Exportmöglichkeiten, vielleicht – und wohl besser – Eroberung neuen Lebensraum im Osten und dessen rücksichtslose Germanisierung. Sicher, dass erst mit politischer Macht und Kampf jetzige wirtschaftliche Zustände geändert werden können. Alles, was jetzt geschehen kann – Siedlung – Aushilfsmittel.

Wehrmacht wichtigste und sozialistischste Einrichtung des Staates. Sie soll unpolitisch und überparteilich bleiben. Der Kampf im Inneren nicht ihre Sache, sondern der Nazi-Organisation. Anders wie in Italien keine Verquickung von Heer und SA beabsichtigt. – Gefährlichste Zeit ist die des Aufbaus der Wehrmacht. Da wird sich zeigen, ob Frankreich Staatsmänner hat; wenn ja, wird es uns Zeit nicht lassen, sondern über uns herfallen (vermutlich mit Ost-Trabanten).

Die Mitschrift wurde in Kurzschrift niedergeschrieben. Zur besseren Lesbarkeit wurden die Abkürzungen in die gemeinten Wörter übertragen.

Quelle: Dokumente des Verbrechens 1933-1945, Bd. 1, Dietz Verlag, Berlin, 1993, S. 21 f

Dokument 33

Georg von Schnitzler, Vorstandsmitglied der IG Farben, über Hitlers Appell an führende deutsche Industrielle am 20. Februar 1933

Eidesstattliche Erklärung, 10. November 1945

Ende Februar 1933 wurden vier Mitglieder des Vorstands der I.G. Farben, darunter der Vorstandsvorsitzende Dr. Bosch und ich, vom

Büro des Reichstagspräsidenten zu einem Treffen in seinem Haus geladen, dessen Zweck nicht genannt wurde. Ich erinnere mich nicht daran, welche beiden anderen Kollegen von mir ebenfalls eingeladen wurden. Die Einladung erreichte mich, glaube ich, während einer meiner Geschäftsreisen nach Berlin. Ich begab mich zu dem Treffen, an dem ungefähr zwanzig Personen teilnahmen, die, so glaube ich, überwiegend führende Industrielle aus dem Ruhrgebiet waren.

Unter den Anwesenden befanden sich meiner Erinnerung nach:

- Dr. Schacht, der damals noch nicht zum zweiten Mal Reichsbankpräsident und noch nicht Reichswirtschaftsminister war.
- Krupp von Bohlen, Anfang 1933 Präsident des Reichsverbands der Deutschen Industrie, der später in die halboffizielle Organisation »Reichsgruppe Industrie« umbenannt wurde.
- Dr. Albert Vögler, der führende Mann der Vereinigten Stahlwerke.
- Von Löwenfeld, von einem Industriebetrieb in Essen.
- Dr. Stein, der Vorsitzende der Gewerkschaft Auguste Victoria, einer zur I. G. gehörenden Mine;
- Dr. Stein war aktives Mitglied der Deutschen Volkspartei.
- Ich erinnere mich, dass Dr. Schacht als eine Art Gastgeber fungierte.

Während ich das Erscheinen von Göring erwartete, betrat Hitler den Raum, schüttelte allen die Hand und nahm am Kopfende des Tisches Platz. In einer langen Rede sprach er vor allem über die Gefahr des Kommunismus, gegen den er gerade einen entscheidenden Sieg errungen zu haben vorgab.

Danach sprach er über das »Bündnis«, das seine Partei mit der Deutsch-Nationalen Volkspartei eingegangen war. Letztere Partei war in der Zwischenzeit von Herrn von Papen umorganisiert worden. Schließlich kam er auf das zu sprechen, was mir als der eigentliche Zweck des Treffens erschien. Hitler betonte, wie wichtig es sei, dass die beiden genannten Parteien bei der kommenden Reichstagswahl die Mehrheit erhalten sollten. Krupp von Bohlen dankte Hitler für seine Rede. Nachdem Hitler den Raum verlassen hatte, schlug Dr. Schacht der Versammlung die Einrichtung eines Wahlkampffonds vor, soweit ich mich erinnere in der Höhe von drei Millionen Reichsmark. Der Fonds sollte entsprechend ihrer damaligen Stärke unter den beiden Bündnispartnern aufgeteilt werden. Dr. Stein schlug auch die Einbeziehung der Deutschen Volkspartei vor, und sein Vorschlag wurde, wenn ich mich richtig erinnere, angenommen. Die Summen, welche die einzelnen Firmen beisteuern sollten, wurden nicht besprochen.

Ich nahm an der Diskussion nicht teil, erstattete aber am nächsten oder übernächsten Tag Dr. Bosch in Frankfurt Bericht, der sich zusammen mit Geheimrat Schmitz ausbedungen hatte, die Verteilung des Geldes an die politischen Parteien, die Presse usw. ausschließlich selbst durchzuführen und diesbezüglich auf Vertraulichkeit bestand.

Quelle: United States Chief Counsel for the Prosecution of Axis Criminality, Nazi Conspiracy and Aggression, Band VII. Washington, DC: 1946, Dokument 439-EC, Übersetzung aus dem Englischen ins Deutsche von Erica Fischer, zit. nach https://ghdi.ghi-dc.org/pdf/deu/German2.pdf

Dokument 34

Zahlungen auf das Konto »Nationale Treuhand, Dr. Hjalmar Schacht« beim Bankhaus Delbrück Schickler & Co.

Datum	Einzahler	Summe
23.02.	Bergbauverein	200.000 RM
24.02.	Karl Hermann (Chefsekr. Kalisyndikat)	150.000 RM
	Automobil-Ausstellung, Berlin	100.000 RM
25.02.	Dir. A. Steinke (BUBIAG)	200.000 RM
	Demag	50.000 RM
27.02.	Telefunken	35.000 RM
	Osram	40.000 RM
28.02.	I.G. Farben	400.000 RM

Datum	Einzahler (Fortsetzung)	Summe
01.03.	Hjalmar Schacht	125.000 RM
03.03.	Dir. Karl Lange, Maschinenindustrie (2 Pos.)	50.000 RM
	Bergbauverein	100.000 RM
	Karl Hermann, Berlin Dessauer Str.	150.000 RM
	AEG	60.000 RM
Zwischensumme am Wahltag		**1.660.000 RM**
07.03.	Fritz Springorum	36.000 RM
	Accumulatorenfabrik AG (Inh.: G. Quandt)	25.000 RM
13.03.	Bergbauverein	300.000 RM
Gesamt		**2.021.000 RM**

Quelle: Nürnberger Dokument NI-391; abgedruckt in: Eberhard Czichon: Wer verhalf Hitler zur Macht. Köln 1967, S. 82 f

Dokument 35
Rundschreiben der Deutschen Gruppe des Mitteleuropäischen Wirtschaftstages
10. April 1933

Von der Geschäftsführung des Mitteleuropäischen Wirtschaftstages, Deutsche Gruppe, sind eine Reihe von Verhandlungen mit maßgeblichen politischen und wirtschaftlichen Funktionären der NSDAP durchgeführt worden, deren Ergebnis für die Weiterentwicklung unserer Arbeit von großer Bedeutung sein dürfte. Wir konnten feststellen, dass nunmehr die Richtung der offiziellen Handels- und Außenpolitik sich vollkommen deckt mit den allgemeinen wirtschaftlichen und wirtschaftspolitischen Zielen der Deutschen Gruppe des Mitteleuropäischen Wirtschaftstages. …

Unsererseits wurde in den Verhandlungen Wert darauf gelegt, dass seitens der Deutschen Gruppe des Mitteleuropäischen Wirtschaftstages wertvolle Vorarbeiten in dieser Richtung geleistet sind und insbesondere ein Instrument geschaffen worden ist, mit dem die erstrebten Ziele erreicht bzw. vorbereitet werden können. Wir glauben, das mit besonderer Genugtuung deshalb feststellen zu sollen, weil jetzt eine gewisse Gewähr für eine einheitlich langfristige Verfolgung großer politischer und handelspolitischer Gesichtspunkte gegeben sein dürfte.

Die Ausschaltung der durch die Zerrissenheit unseres politischen und wirtschaftlichen Lebens bisher immer vorliegenden Störungsmomente ist ein besonders erfreuliches Kennzeichen der jetzigen Lage.

Quelle: Zentrales Staatsarchiv Potsdam,
ZStA Potsdam Deutsche Bank AG, Nr. 21838, Bl. 23

Dokument 36

Predigt von Otto Dibelius, Generalsuperintendent von Berlin-Brandenburg, zur Eröffnung des neuen Reichstages

21. März 1933

Ein Reich, ein Volk, ein Gott – ist es noch nicht wieder Erfüllung, so ist es doch Sehnsucht. Vielleicht ist diese Sehnsucht, in anderthalb Jahrzehnten der Not in der Seele angesammelt und jetzt hervorgebrochen, mehr Verheißung als die Erfüllung von damals, die aus dem Gewitter des Krieges wie mit einem Schlage entsprang!

Sehnsucht und Erfüllung aber ruhen in derselben Wahrheit des ewigen Gottes. So sei denn der Reichstag von 1933 mit demselben Wort begrüßt wie damals der Reichstag von 1914: Ist Gott für uns, wer mag wider uns sein? …

Mit Gott zu neuer Zukunft! Ein neuer Anfang staatlicher Geschichte steht immer irgendwie im Zeichen der Gewalt. Denn der Staat ist Macht. Neue Entscheidungen, neue Orientierungen, Wandlungen und Umwälzungen bedeuten immer den Sieg des einen über den anderen. Und wenn es um Leben und um Sterben der Nation geht, dann muss die staatliche Macht kraftvoll und durchgreifend eingesetzt werden, es sei nach außen oder nach innen.

Wir haben von Dr. Martin Luther gelernt, dass die Kirche der rechtmäßigen staatlichen Gewalt nicht in den Arm fallen darf, wenn sie tut, wozu sie berufen ist. Auch dann nicht, wenn sie hart und rücksichtslos schaltet. Wir kennen die furchtbaren Worte, mit denen Luther im Bauernkrieg die Obrigkeit aufgerufen hat, schonungslos vorzugehen, damit wieder Ordnung in Deutschland werde. …

Wenn der Staat seines Amtes waltet gegen die, die die Grundlagen der staatlichen Ordnung untergraben, gegen die vor allem, die mit ätzendem und gemeinem Wort die Ehe zerstören, den Glauben verächtlich machen, den Tod für das Vaterland begeifern – dann walte er seines Amtes in Gottes Namen! …

Noch liegen auf uns die Lasten der Vergangenheit! Noch seufzen Hunderttausende von Brüdern und Schwestern, die Gott zu Gliedern eines freien Volkes berufen hat, unter fremder Knechtschaft. Es ist des deutschen Volkes Schicksal stets gewesen, sich die Freiheit immer aufs Neue erkämpfen zu müssen.

Quelle: zit. nach http://lernort-garnisonkirche.de/?p=837

Dokument 37

Kundgebung der Fuldaer Bischofskonferenz

28. März 1933

Es ist … anzuerkennen, dass von dem höchsten Vertreter der Reichsregierung, der zugleich autoritärer Führer jener Bewegung ist, öffentlich und feierlich Erklärungen gegeben sind, durch die der Unverletzlichkeit der katholischen Glaubenslehre und den unveränderlichen Aufgaben und Rechten der Kirche Rechnung getragen sowie die vollinhaltliche Geltung der von den einzelnen Ländern mit der Kirche abgeschlossenen Staatsverträge durch die Reichsregierung ausdrücklich zugesichert wird. …

Für die katholischen Christen, denen die Stimme ihrer Kirche heilig ist, bedarf es auch im gegenwärtigen Zeitpunkt keiner besonderen Mahnung zur Treue gegenüber der rechtmäßigen Obrigkeit und zur gewissenhaften Erfüllung staatsbürgerlichen Pflichten unter grundsätzlicher Ablehnung alles rechtswidrigen und umstürzlerischen Verhaltens.

In Geltung bleibt die so oft in feierlicher Kundgebung an alle Katholiken ergangene Mahnung, stets wachsam und opferfreudig einzutreten für Frieden und soziale Wohlfahrt des Volkes, für Schutz der christlichen Religion und Sitte, für konfessionelle Schule und katholische Jugendorganisation.

In Geltung bleiben ferner die Mahnungen an die politischen und ähnlichen Vereine und Organisationen, in Gotteshaus und kirchlichen Funktionen aus Ehrfurcht vor der Heiligkeit derselben zu vermeiden, was als parteimäßige Demonstration erscheinen und daher Anstoß erregen kann.

In Geltung bleiben (sic!) endlich die so oft und eindringlich ergangene Aufforderung, für Ausbreitung und Wirksamkeit der katholischen Vereine, deren Arbeit so überaus segensreich ist für Kirche, Volk und Vaterland, für christliche Kultur und sozialen Frieden, stets mit weitblickender Umsicht und mit treuer, opferwilliger Einigkeit einzutreten.

Quelle: zit. nach http://www.k-l-j.de/download/pdf/katechesen/048_kirche_drittes_reich.pdf

Kapitel 9

Die Festigung der Macht

Nachdem mit dem inszenierten Reichstagsbrand, den Massenverhaftungen und Versammlungsverboten, die mit massiver Polizeigewalt durchgesetzt wurden, die Voraussetzungen für einen »reibungslosen« Ablauf der Reichstagswahl geschaffen waren, fand diese am 5. März 1933 statt. Das Ergebnis blieb deutlich hinter den Erwartungen der Hitlerregierung zurück. Zwar konnte die NSDAP ihren Stimmenanteil deutlich erhöhen und erreichte knapp 44 Prozent der Stimmen. Gemeinsam mit der »Kampffront Schwarz-Weiß-Rot« um die DNVP herum ergaben sich knapp 53 % der Wählerstimmen, aber erstens reichte es in keiner Weise für die gewünschte Zweidrittel-Mehrheit, mit der man die Weimarer Verfassung zu ändern gedachte. Zweitens waren die Ergebnisse für die antifaschistischen Kräfte weit höher, als vor dem Hintergrund des SA-Terrors zu erwarten war. Die SPD erhielt noch über 7 Millionen Stimmen und 120 Mandate und selbst die KPD unterstützten – trotz der Verhaftungen ihrer Reichstagskandidaten und faktischer Illegalisierung der Partei – noch knapp 5 Millionen Wähler. Damit hätten ihr 81 Parlamentssitze zugestanden. *(Dokument 38)*

Zuerst einmal wurden auf der Grundlage der Notverordnungen mit einem Federstrich die KPD-Mandate annulliert. Außerdem wurden auch Sozialdemokraten verhaftet, so dass an der Eröffnung des Reichstags nur noch 94 SPD-Abgeordnete teilnehmen konnten.

Um jedoch die öffentliche Darstellung der faschistischen Politik nicht der überwiegend durchaus wohlwollenden bürgerlichen Presse zu überlassen, wurde in der Woche nach der Wahl zum »Zwecke der Aufklärung und Propaganda unter der Bevölkerung über die Politik der Reichsregierung und den nationalen Wiederaufbau des deutschen Vaterlandes« *(Dokument 39)*, wie es euphemistisch hieß, Joseph Goebbels zum Propagandaminister ernannt. Neben der Normierung der Medien und ihrer Berichterstattung, wofür Goebbels mit Presseanweisungen ein System der Sprachregelungen schuf, sollte die »geistige Mobilmachung« des deutschen Volkes erreicht werden.

Zur geistigen Mobilmachung diente auch die öffentliche Gestaltung der Reichstagseröffnung am 21. März 1933 in der Garnisonkirche in Potsdam. Vom Rundfunk wurden die pompösen Feierlichkeiten als »Tag von Potsdam« in voller Länge übertragen; Sonderausgaben der Presse fanden große Verbreitung. *(Dokument 40)* Höhepunkt war ein Staatsakt in der Kirche, an dem auch Hindenburg teilnahm. Ganz auf öffentliche Wirkung ausgerichtet waren die Bilder dieses Treffens. Das symbolträchtige Foto mit dem scheinbar ehrerbietigen Handschlag Hitlers mit Hindenburg war eine Botschaft an die konservativen Kreise, die anschließende Kranzniederlegung an den Grabstätten der Preußenkönige sollte die neue Reichsregierung symbolisch in die »glorreiche Tradition Preußens« stellen. Dass die evangelische Kirche mit der Predigt von Otto Dibelius ihren Segen gab, rundete das Bild dieser Veranstaltung ab. Bezeichnend ist, dass die Rede Hitlers in Potsdam selten in Quellensammlungen auftaucht. Es war nicht bedeutend, was er zu sagen hatte – es war allein die optische Wirkung dieses Ereignisses, die die politische Botschaft transportierte.

So eingestimmt, fand am 23. März 1933 die erste Sitzung des neugewählten Reichstags – ohne die Abgeordneten der KPD und nur mit 94 Abgeordneten der SPD – in der Berliner Kroll-Oper statt, in die das Parlament aufgrund der Schäden am Reichstagsgebäude nach dem Brand umgezogen war.

In seiner Regierungserklärung unterstrich Adolf Hitler den einzigen Sinn dieser Reichstagssitzung, nämlich ein »Ermächtigungsgesetz« zu verabschieden, mit dem faktisch alle Befugnisse des Parlaments – insbesondere das der Kontrolle der Regierung – aufgehoben wurden und die Reichsregierung freie Hand auf allen entscheidenden Handlungsfeldern erhielt, die im parlamentarischen System vom Reichstag hätten entschieden werden müssen.

Diese Vollmacht bezog sich nicht nur auf die Innenpolitik, sondern sollte auch für alle außenpolitischen Entscheidungen gelten. Die offizielle Begründung dieses Ermächtigungsgesetzes wurde im Titel formuliert. Es sei ein »Gesetz zur Behebung der Not von Volk und Reich«.

In seiner Begründung für das Gesetz hob Hitler hervor, dass nur mit einer solchen Ermächtigung sich das deutsche Volk aus den Fesseln, die die »Schmach von Versailles« bedeutete, lösen könne. Nur so sei eine internationale »Gleichberechtigung«, was nichts anderes bedeutete als militärische Aufrüstung des Deutschen Reiches, möglich.

Obwohl allen im Reichstag vertretenen bürgerlichen Parteien klar war, dass dieses Gesetz ihre Tätigkeit de facto überflüssig machen würde, gab es in ihren Reihen keinerlei Widerspruch. Selbst die ehemalige Deutsche Demokratische Partei, die vor 1933 Mitträger der »Eisernen Front« war, stimmte dieser Entmachtung des Reichstags zu, obwohl sie noch 1932 verkündet hatte, die Weimarer Verfassung verteidigen zu wollen.

Einzig die sozialdemokratische Reichstagsfraktion stimmte gegen dieses Gesetz. Otto Wels, der Partei- und Fraktionsvorsitzende, hielt seine bekannte Rede mit der Botschaft: »Freiheit und Leben kann man uns nehmen, die Ehre nicht.« *(Dokument 41)* So wichtig diese klare Ablehnung des faschistischen Verfassungsbruches auch war, darf doch nicht übersehen werden, dass diese Rede viele innere Widersprüche enthielt. So meinte Wels, sich gegenüber der NSDAP rechtfertigen zu müssen, dass die SPD selbstverständlich immer für die »Gleichberechtigung Deutschlands« eingetreten sei und man mit dem außenpolitischen Programm der neuen Regierung durchaus übereinstimme.

Natürlich prangerte Wels die Verfolgung der SPD und ihrer Mandatsträger an, aber mit keinem Wort ging er darauf ein, dass die Mandate der KPD annulliert und die gewählten Abgeordneten –

trotz offizieller Immunität – verfolgt und, soweit erreichbar, verhaftet wurden. Seine historische Analogie am Schluss der Ansprache: »Das Sozialistengesetz hat die Sozialdemokratie nicht vernichtet. Auch aus neuen Verfolgungen kann die deutsche Sozialdemokratie neue Kraft schöpfen«, machte deutlich, dass er selber die Bedrohungslage für alle Anhänger der Sozialdemokratie nicht wirklich einzuschätzen wusste.

Das »Ermächtigungsgesetz« *(Dokument 42)* wurde anschließend in namentlicher Abstimmung angenommen. Unter den Zustimmenden waren auch der spätere Bundespräsident der BRD Theodor Heuss und der Bundesminister Ernst Lemmer. Abgelehnt wurde es lediglich von den 94 anwesenden Abgeordneten der SPD.

Formell war die Laufzeit dieses Gesetzes auf vier Jahre begrenzt, faktisch wurde mit ihm die Republik abgeschafft. Während die Reichstagsbrandverordnung die Grundrechte aufhob, hob dieses Gesetz das Prinzip der Gewaltenteilung auf. Von nun an waren Exekutive und Legislative in einer Hand.

Um einen politischen Durchgriff nicht nur auf Reichsebene zu bekommen, erließ – als Folge des »Ermächtigungsgesetzes« – die Reichsregierung am 7. April ein Gesetz, das in seinem Titel so unscheinbar daherkam, dass viele es in seiner Dramatik nicht realisierten, das »Zweite Gesetz zur Gleichschaltung der Länder mit dem Reich«. *(Dokument 43)* Mit diesem Gesetz wurde faktisch der Föderalismus im Deutschen Reich aufgehoben. Nicht nur, dass die Notwendigkeit der Zustimmung der Länder zu Gesetzen des Reiches aufgehoben war. Das ergab sich nach der Ausschaltung des Reichstags fast folgerichtig von selbst. Mit diesem Gesetz ermächtigte sich die Regierung – auf Vorschlag des Reichskanzlers – an Stelle der bestehenden Länderregierungen »Reichsstatthalter« einzusetzen, die faktisch Regierungskompetenz hatten. Ihnen waren alle Funktionen bis hin zur Ausfertigung von Gesetzen und der Auflösung der Landtage übertragen. Einzig Preußen als weitaus größtes Land war von dieser Regelung ausgenommen – aber nur, um festzulegen, dass hier der Reichskanzler selber die Funktion eines Reichsstatthalters ausübt.

Eine wichtige Kompetenz, die sich die Reichsregierung mit diesem Gesetz selbst erteilte, war die Ernennung und Entlassung der unmittelbaren Staatsbeamten und Richter. Damit wurde auf Länderebene die Bereinigung des Beamtenapparates und der Justiz vorbereitet. Um dies im Sinne der bestehenden Beamtengesetze des Reiches und der Länder umsetzen zu können, wurde am gleichen Tag das »Gesetz zur Wiederherstellung des Berufsbeamtentums« verkündet. *(Dokument 44)* Damit schuf man die Grundlage, formalrechtlich korrekt Beschäftigte aus dem Beamtenverhältnis aus politischen und »rassischen« Gründen zu entfernen. Später wurde diese Regelung auch auf Arbeiter und Angestellte öffentlicher Unternehmen erweitert.

In dieser Regelung wurden zum ersten Mal der rassistische Antisemitismus und die politische Verfolgung von Angehörigen der Arbeiterbewegung zur gesetzlichen Grundlage des Verwaltungshandelns erhoben. So wurde einerseits festgelegt, dass »Beamte, die nicht arischer Abstammung sind«, in den Ruhestand zu versetzen oder zu entlassen seien. Zweitens richtete es sich gegen »Beamte, die nach ihrer bisherigen politischen Betätigung nicht die Gewähr dafür bieten, dass sie jederzeit rückhaltlos für den nationalen Staat eintreten«. Bei diesen Beamten handelte es sich in der Regel um Sozialdemokraten oder Anhänger der Staatspartei, d.h. der vormaligen DDP. Auch wenn es nur eine verschwindende Minderheit betraf, wurde in einer Durchführungsverordnung festgelegt: »Ungeeignet sind alle Beamte, die der kommunistischen Partei oder kommunistischen Hilfs- oder Ersatzorganisationen angehören. Sie sind daher zu entlassen.« *(Dokument 45)*

Da trotz politischer Polizei und umfangreicher Feindeslisten 1933 noch kein vollständiger Überblick darüber bestand, wer denn zu den politischen Gegnern in der Verwaltung, im Bildungsbereich und im Gesundheitswesen gehörte, wurde in der Verordnung auch eine Auskunftspflicht für einen Beamten festgelegt, »welchen politischen Parteien er bisher angehört hat. Als politische Parteien im Sinne dieser Bestimmung gelten auch das Reichsbanner Schwarz-Rot-Gold, der Republikanische Richterbund und die Liga für Menschenrechte.«

Die Folgen dieses Gesetzes zur »Wiederherstellung des Berufsbeamtentums« waren nicht nur Entlassungen, sondern – insbesondere in den Schulen und Universitäten – im hohen Maße ein personeller Austausch. In einer Studie der GEW Hamburg wurde festgestellt, dass bis zum Jahre 1935 bei 555 Lehrkräften eine Entlassung auf Grundlage dieses Gesetzes vollzogen wurde. Im gleichen Zeitraum wurden jedoch 468 dieser Stellen mit NS-treuen Lehrkräften wiederbesetzt. Ähnliche Entwicklungen konnte man in fast allen Universitäten beobachten, wo insbesondere der akademische Mittelbau mit Anhängern des NS-Studentenbundes neu besetzt wurde.

***

Dokument 38

Ergebnis der Reichstagswahl vom 5. März 1933

Partei	Stimmen	in %	±	Sitze	±
NSDAP	17.277.180	43,9 %	+10,8 %	288	+92
SPD	7.181.629	18,3 %	–2,1 %	120	–1
KPD	4.848.058	12,3 %	–4,6 %	81	–19
Zentrum	4.424.905	11,3 %	–0,6 %	73	+3
Kampffront Schwarz-Weiß-Rot (DNVP, Stahlhelm, Landbund)	3.136.760	8,0 %	–0,5 %	52	+1
BVP	1.073.552	2,7 %	-0,4 %	19	–1
DVP	432.312	1,1 %	–0,8 %	2	–9
CSVD	383.999	1,0 %	-0,1 %	4	–1
DStP (vorher DDP)	334.242	0,9 %	–0,1 %	5	+3
Deutsche Bauernpartei	114.048	0,3 %	–0,1 %	2	–1
Landbund	83.839	0,2 %	–0,3 %	1	–2
Dt.-Hannov. Partei (DHP)	47.743	0,1 %	–0,1 %	0	–1
Sonstige	5.064	0,0 %	–1,1 %	0	–1
Gesamt	36.655.029	100 %		647	+63

Quelle: https://de.wikipedia.org/wiki/Reichstagswahl_März_1933

Dokument 39

Erlass über die Errichtung des Reichsministeriums für Volksaufklärung und Propaganda

13. März 1933

Für Zwecke der Aufklärung und Propaganda unter der Bevölkerung über die Politik der Reichsregierung und den nationalen Wiederaufbau des deutschen Vaterlandes wird ein Reichsministerium für Volksaufklärung und Propaganda errichtet.

Der Leiter dieser Behörde führt die Bezeichnung »Reichsminister für Volksaufklärung und Propaganda«.

Die einzelnen Aufgaben des Reichsministeriums für Volksaufklärung und Propaganda bestimmt der Reichskanzler. Er bestimmt auch im Einvernehmen mit den beteiligten Reichsministern die Aufgaben, die aus deren Geschäftsbereich auf das neue Ministerium übergehen, und zwar auch dann, wenn hierdurch der Geschäftsbereich der betroffenen Ministerien in den Grundzügen berührt wird.

Quelle: Reichsgesetzblatt 1933 I, S. 104

Dokument 40

Der »Tag von Potsdam« – 21. März 1933

Von Ulrich Schneider

Eine der meist kommentierten Inszenierungen auf dem Weg zur Festigung der Macht war die Eröffnung des am 5. März 1933 gewählten Reichstags. Ian Kershaw nennt sie ein »Propagandaschauspiel«, Martin Sabrow spricht von einer »inszenierten Täuschungskomödie« und »fortwährenden Mythenbildung«. Ziel der Darstellung war die Demonstration einer historischen Kontinuität der neuen Reichsregierung mit Preußen und dem Deutschen Kaiserreich sowie die vorgebliche »nationale Einheit« zwischen Hitler und Hindenburg.

Analog zum ersten Reichstag des Deutschen Kaiserreichs 1871 wurde auch diesmal der 21. März als Eröffnungstag gewählt. Als Symbolik der Kontinuität war auch die Beflaggung Potsdams zu verstehen, wo nicht die Fahnen der Weimarer Republik, sondern das Schwarz-Weiß-Rot des Kaiserreichs und die Hakenkreuzfahne aufgezogen waren.

Der Veranstaltungsort selber, die Potsdamer Garnisonskirche, stand in direkter Verbindung zur preußischen Tradition, befanden sich doch hier die Grabstätten der Preußenkönige Friedrich II. (»der Große«) und seines Vaters Friedrich Wilhelm I.

Dass der ehemalige Kronprinz Wilhelm als Ehrengast das Haus Hohenzollern vertrat, seine Brüder Eitel Friedrich und Oskar (beide waren »Stahlhelm«-Mitglieder) sowie August Wilhelm (er hatte es bereits zum SA-Oberführer gebracht) anwesend waren, verdeutlichte auch personell die gewollte Verbindung zum kaiserlichen Deutschland.

Bei dieser Inszenierung wurde nichts dem Zufall überlassen. Selbst in der Sitzordnung wurden die politischen Botschaften sichtbar. Im Zentrum saß Hindenburg, rechts von ihm Hitler und links Reichstagspräsident Göring. Dahinter in der ehemaligen Kaiserinloge Kronprinz Wilhelm, dabei waren außerdem die Spitzen der Verwaltung, die höchsten Vertreter der evangelischen und katholischen Kirche, der Justiz und der Wirtschaft sowie der »vaterländischen Verbände« (SA, Kyffhäuserbund und Stahlhelm). Wichtig waren aber auch die Vertreter des Diplomatischen Korps, des Militärs, der Ministerien und Reichsbehörden sowie der »nationalen Verbände«.

Erst dahinter fand man die gewählten Abgeordneten des Reichstags, ohne die Abgeordneten der SPD, von denen manche verhaftet waren, sowie der KPD, deren Mandate bereits annulliert worden waren. Wichtig war der Platz für die in- und ausländischen Journalisten, die diese Inszenierung in die Welt verbreiten sollten. Zum ersten Mal wurde eine solche Veranstaltung sogar in voller Länge von allen Rundfunkanstalten im Deutschen Reich live übertragen.

Zum bekanntesten Bild dieser Veranstaltung, das in den Folgejahren immer wieder zu Propagandazwecken veröffentlich wurde, gehört der »Handschlag« zwischen Reichspräsident Hindenburg und Reichskanzler Hitler. Hindenburg, aufrecht stehend und damit deutlich größer als Hitler, ist auf der rechten Seite in seiner ordensgeschmückten Uniform mit Helm zu sehen, Hitler wird im Anzug in ehrerbietiger Verneigung auf der linken Seite gezeigt. Im Hintergrund beobachtet ein Reichswehroffizier die Szene.

Dieses Foto sollte die Verbundenheit der Hitler-Hugenberg-Papen-Regierung mit der militärischen preußisch-kaiserlichen Tradition symbolisieren. Das Bild wurde in fast allen Zeitungen des Deutschen Reichs veröffentlicht, oftmals sogar in Sonderausgaben.

Dokument 41

Rede des SPD-Fraktionsvorsitzenden Otto Wels im Reichstag am 23. März 1933

Begründung zur Ablehnung des Ermächtigungsgesetzes (Auszug)

Freiheit und Leben kann man uns nehmen, die Ehre nicht.

Nach den Verfolgungen, die die Sozialdemokratische Partei in der letzten Zeit erfahren hat, wird billigerweise niemand von ihr verlangen oder erwarten können, dass sie für das hier eingebrachte Ermächtigungsgesetz stimmt. Die Wahlen vom 5. März haben den Regierungsparteien die Mehrheit gebracht und damit die Möglichkeit gegeben, streng nach Wortlaut und Sinn der Verfassung zu regieren. Wo diese Möglichkeit besteht, besteht auch die Pflicht.

Noch niemals, seit es einen Deutschen Reichstag gibt, ist die Kontrolle der öffentlichen Angelegenheiten durch die gewählten Vertreter des Volkes in solchem Maße ausgeschaltet worden, wie es jetzt geschieht, und wie es durch das neue Ermächtigungsgesetz noch mehr geschehen soll. Eine solche Allmacht der Regierung muss sich umso schwerer auswirken, als auch die Presse jeder Bewegungsfreiheit entbehrt. …

Die Herren von der Nationalsozialistischen Partei nennen die von ihnen entfesselte Bewegung eine nationale Revolution, nicht eine nationalsozialistische. Das Verhältnis ihrer Revolution zum Sozialismus beschränkt sich bisher auf den Versuch, die sozialdemokratische Bewegung zu vernichten, die seit mehr als zwei Menschenaltern die Trägerin sozialistischen Gedankengutes gewesen ist und auch bleiben wird. …

Vergeblich wird der Versuch bleiben, das Rad der Geschichte zurückzudrehen. Wir Sozialdemokraten wissen, dass man machtpolitische Tatsachen durch bloße Rechtsverwahrungen nicht beseitigen kann. Wir sehen die machtpolitische Tatsache Ihrer augenblicklichen Herrschaft. Aber auch das Rechtsbewusstsein des Volkes ist eine politische Macht, und wir werden nicht aufhören, an dieses Rechtsbewusstsein zu appellieren.

Die Verfassung von Weimar ist keine sozialistische Verfassung. Aber wir stehen zu den Grundsätzen des Rechtsstaates, der Gleichberechtigung, des sozialen Rechtes, die in ihr festgelegt sind. Wir deutschen Sozialdemokraten bekennen uns in dieser geschichtlichen Stunde feierlich zu den Grundsätzen der Menschlichkeit und der Gerechtigkeit, der Freiheit und des Sozialismus.

Kein Ermächtigungsgesetz gibt Ihnen die Macht, Ideen, die ewig und unzerstörbar sind, zu vernichten. Sie selbst haben sich ja zum Sozialismus bekannt.

Das Sozialistengesetz hat die Sozialdemokratie nicht vernichtet. Auch aus neuen Verfolgungen kann die deutsche Sozialdemokratie neue Kraft schöpfen. Wir grüßen die Verfolgten und Bedrängten. Wir grüßen unsere Freunde im Reich. Ihre Standhaftigkeit und Treue verdienen Bewunderung.

Quelle: Verhandlungen des Deutschen Reichstags, Reichstagsprotokolle, 2. Sitzung, Donnerstag, den 23. März 1933, S. 32 ff, https://www.reichstags-protokolle.de

Dokument 42

Das »Ermächtigungsgesetz«

Gesetz zur Behebung der Not von Volk und Reich vom 24. März 1933

Der Reichstag hat das folgende Gesetz beschlossen, das mit Zustimmung des Reichsrats hiermit verkündet wird, nachdem festgestellt ist, dass die Erfordernisse verfassungsändernder Gesetzgebung erfüllt sind:

Artikel 1: Reichsgesetze können außer in dem in der Reichsverfassung vorgesehenen Verfahren auch durch die Reichsregierung beschlossen werden. Dies gilt auch für die in den Artikeln 85 Abs. 2 und 87 der Reichsverfassung bezeichneten Gesetze.

Artikel 2: Die von der Reichsregierung beschlossenen Reichsgesetze können von der Reichsverfassung abweichen, soweit sie nicht die Einrichtung des Reichstags und des Reichsrats als solche zum Gegenstand haben. Die Rechte des Reichspräsidenten bleiben unberührt.

Artikel 3: Die von der Reichsregierung beschlossenen Reichsgesetze werden vom Reichskanzler ausgefertigt und im Reichsgesetzblatt verkündet. Sie treten, soweit sie nichts anderes bestimmen, mit dem auf die Verkündung folgenden Tage in Kraft. Die Artikel 68 bis 77 der Reichsverfassung finden auf die von der Reichsregierung beschlossenen Gesetze keine Anwendung.

Artikel 4: Verträge des Reiches mit fremden Staaten, die sich auf Gegenstände der Reichsgesetzgebung beziehen, bedürfen für die Dauer der Geltung dieser Gesetze nicht der Zustimmung der an der Gesetzgebung beteiligten Körperschaften. Die Reichsregierung erlässt die zur Durchführung dieser Verträge erforderlichen Vorschriften.

Artikel 5: Dieses Gesetz tritt mit dem Tage seiner Verkündung in Kraft. Es tritt mit dem 1. April 1937 außer Kraft, es tritt ferner außer Kraft, wenn die gegenwärtige Reichsregierung durch eine andere abgelöst wird.

Quelle: Reichsgesetzblatt, 1933, S. 141

Dokument 43

Zweites Gesetz zur Gleichschaltung der Länder mit dem Reich

7. April 1933

Die Reichsregierung hat das folgende Gesetz beschlossen, das hiermit verkündet wird:

§ 1

(1) In den deutschen Ländern, mit Ausnahme von Preußen, ernennt der Reichspräsident auf Vorschlag des Reichskanzlers Reichsstatthalter. Der Reichsstatthalter hat die Aufgabe, für die Beobachtung der vom Reichskanzler aufgestellten Richtlinien der Politik zu sorgen. Ihm stehen folgende Befugnisse der Landesgewalt zu:

1. Ernennung und Entlassung des Vorsitzenden der Landesregierung und auf dessen Vorschlag der übrigen Mitglieder der Landesregierung;
2. Auflösung des Landtags und Anordnung der Neuwahl vorbehaltlich der Regelung des § 8 des Vorläufigen Gleichschaltungsgesetzes vom 31. März 1933 (Reichsgesetzbl. I, S. 153);
3. Ausfertigung und Verkündung der Landesgesetze einschließlich der Gesetze, die von der Landesregierung gemäß § 1 des Vorläufigen Gleichschaltungsgesetzes vom 31. März 1933 (Reichsgesetzbl. I, S. 153) beschlossen werden. Artikel 70 der Reichsverfassung vom 11. August 1919 findet sinngemäß Anwendung;
4. auf Vorschlag der Landesregierung Ernennung und Entlassung der unmittelbaren Staatsbeamten und Richter, soweit sie bisher durch die oberste Landesbehörde erfolgte;
5. das Begnadigungsrecht. …

§ 3

(1) Der Reichsstatthalter wird für die Dauer einer Landtagsperiode ernannt. Er kann auf Vorschlag des Reichskanzlers vom Reichspräsidenten jederzeit abberufen werden. …

§ 4

Misstrauensbeschlüsse des Landtags gegen Vorsitzende und Mitglieder von Landesregierungen sind unzulässig.

§ 5

(1) In Preußen übt der Reichskanzler die im § 1 genannten Rechte aus. Er kann die im § 1 Abs. 1 unter Ziffer 4 und 5 genannten Rechte auf die Landesregierung übertragen.
(2) Mitglieder der Reichsregierung können gleichzeitig Mitglieder der Preußischen Landesregierung sein.

§ 6

Dieses Gesetz tritt am Tage nach seiner Verkündung in Kraft. Entgegenstehende Bestimmungen der Reichsverfassung vom 11. August 1919 und der Landesverfassungen sind aufgehoben. Soweit Landesverfassungen das Amt eines Staatspräsidenten vorsehen, treten diese Bestimmungen mit der Ernennung eines Reichsstatthalters außer Kraft.

Berlin, den 7. April 1933

Quelle: Reichsgesetzblatt 1933 I, S. 171

Dokument 44

Gesetz zur Wiederherstellung des Berufsbeamtentums

7. April 1933

Die Reichsregierung hat das folgende Gesetz beschlossen, das hiermit verkündet wird:

§ 1

(1) Zur Wiederherstellung eines nationalen Berufsbeamtentums und zur Vereinfachung der Verwaltung können Beamte nach Maßgabe der folgenden Bestimmungen aus dem Amt entlassen werden, auch wenn die nach dem geltenden Recht hierfür erforderlichen Voraussetzungen nicht vorliegen.

(2) Als Beamte im Sinne dieses Gesetzes gelten unmittelbare und mittelbare Beamte des Reichs, unmittelbare und mittelbare Beamte der Länder und Beamte der Gemeinden und Gemeindeverbände, Beamte von Körperschaften des öffentlichen Rechts sowie diesen gleichgestellten Einrichtungen und Unternehmungen. Die Vorschriften finden auch Anwendung auf Bedienstete der Träger der Sozialversicherung, welche die Rechte und Pflichten der Beamten haben.

(3) Beamte im Sinne dieses Gesetzes sind auch Beamte im einstweiligen Ruhestand. …

§ 3

(1) Beamte, die nicht arischer Abstammung sind, sind in den Ruhestand (§§ 8 ff) zu versetzen; soweit es sich um Ehrenbeamte handelt, sind sie aus dem Amtsverhältnis zu entlassen.

(2) Abs. 1 gilt nicht für Beamte, die bereits seit dem 1. August 1914 Beamte gewesen sind oder die im Weltkrieg an der Front für das Deutsche Reich oder für seine Verbündeten gekämpft haben oder deren Vater oder Söhne im Weltkrieg gefallen sind. Weitere Ausnahmen können der Reichsminister des Innern im Einvernehmen mit dem zuständigen Fachminister oder die obersten Landesbehörden für Beamte im Ausland zulassen.

§ 4

Beamte, die nach ihrer bisherigen politischen Betätigung nicht die Gewähr dafür bieten, dass sie jederzeit rückhaltlos für den nationalen Staat eintreten, können aus dem Dienst entlassen werden. Auf die Dauer von drei Monaten nach der Entlassung werden ihnen ihre bisherigen Bezüge belassen. Von dieser Zeit an erhalten sie drei Viertel des Ruhegeldes (§ 8) und entsprechende Hinterbliebenenversorgung.

§ 8

Den nach §§ 3, 4 in den Ruhestand versetzten oder entlassenen

Beamten wird ein Ruhegeld nicht gewährt, wenn sie nicht mindestens eine zehnjährige Dienstzeit vollendet haben; …

§ 14

(1) Gegen die auf Grund dieses Gesetzes in den Ruhestand versetzten oder entlassenen Beamten ist auch nach ihrer Versetzung in den Ruhestand oder nach ihrer Entlassung die Einleitung eines Dienststrafverfahrens wegen der während des Dienstverhältnisses begangenen Verfehlungen mit dem Ziele der Aberkennung des Ruhegeldes, der Hinterbliebenenversorgung, der Amtsbezeichnung, des Titels, der Dienstkleidung und des Dienstabzeichens zulässig.

§ 15

Auf Angestellte und Arbeiter finden die Vorschriften über Beamte sinngemäße Anwendung.

Quelle: Reichsgesetzblatt 1933 I, S. 175

Dokument 45

Erste Verordnung zur Durchführung des Gesetzes zur Wiederherstellung des Berufsbeamtentums

11. April 1933

Auf Grund des § 17 des Gesetzes zur Wiederherstellung des Berufsbeamtentums vom 7. April 1933 (Reichsgesetzbl. I, S. 175) wird verordnet was folgt:

Ungeeignet sind alle Beamte, die der kommunistischen Partei oder kommunistischen Hilfs- oder Ersatzorganisationen angehören. Sie sind daher zu entlassen.

Zu § 3

(1) Als nicht arisch gilt, wer von nicht arischen, insbesondere jüdischen Eltern oder Großeltern abstammt. Es genügt, wenn ein

Elternteil oder ein Großelternteil nicht arisch ist. Dies ist insbesondere dann anzunehmen, wenn ein Elternteil oder ein Großelternteil der jüdischen Religion angehört hat.

(2) Wenn ein Beamter nicht bereits am 1. August 1914 Beamter gewesen ist, hat er nachzuweisen, dass er arischer Abstammung oder Frontkämpfer, der Sohn oder Vater eines im Weltkrieg Gefallenen ist. Der Nachweis ist durch die Vorlegung von Urkunden (Geburtsurkunde und Heiratsurkunde der Eltern, Militärpapiere) zu erbringen.

(3) Ist die arische Abstammung zweifelhaft, so ist ein Gutachten des beim Reichsministerium des Innern bestellten Sachverständigen für Rasseforschung einzuholen.

Zu § 4

(1) Bei der Prüfung, ob die Voraussetzungen des § 4 Satz 1 gegeben sind, ist die gesamte politische Betätigung des Beamten, insbesondere seit dem 9. November 1918, in Betracht zu ziehen.

(2) Jeder Beamte ist verpflichtet, der obersten Reichs- oder Landesbehörde (§ 7) auf Verlangen Auskunft darüber zu geben, welchen politischen Parteien er bisher angehört hat. Als politische Parteien im Sinne dieser Bestimmung gelten auch das Reichsbanner Schwarz-Rot-Gold, der Republikanische Richterbund und die Liga für Menschenrechte.

Quelle: Reichsgesetzblatt 1933 I, S. 195

Kapitel 10

Ausgrenzung und Antisemitismus

Nachdem bereits mit den Notverordnungen die Aufhebung bürgerlicher Freiheitsrechte für politische Gegner des Regimes verkündet und durch Versammlungsverbote, Zeitungsverbote und andere Repressalien Wirklichkeit geworden war und verstärkt nach dem Reichstagsbrand mit der Einrichtung »wilder KZ« und Massenverhaftungen umgesetzt wurde, richtete sich die Verfolgung gegen den zweiten Hauptfeind, nämlich »das Judentum«. In ihrer Propaganda während der Weimarer Zeit wurde von der NSDAP nicht nur die Losung »Der Jude ist unser Unglück!« verbreitet, sondern immer wieder jüdische Konkurrenz als »Ursache« für wirtschaftliche Probleme des Mittelstandes und der akademischen Intelligenz behauptet.

Im Zuge der Machtfestigung nach der Reichstagswahl schien es an der Zeit – auch um der eigenen Anhängerschaft zu zeigen, wie die Propagandaparolen mit Leben zu füllen waren –, Antisemitismus als Ausgrenzungsideologie in staatliche Politik umzusetzen. Bereits Anfang März 1933 ließ der thüringische NSDAP-Gauleiter und Innenminister Fritz Sauckel den »Centralverband deutscher Staatsbürger jüdischen Glaubens« verbieten. Vereinseinrichtungen und insbesondere das Vereinsvermögen wurden beschlagnahmt. In vielen deutschen Städten gab es in den Tagen des März 1933 öffentliche Demütigungen und Misshandlungen jüdischer Menschen.

Zu einem ersten Höhepunkt des systematischen antisemitischen Terrors wurde der »Boykottaktionstag« am 1. April 1933. Wegen angeblicher »Greuel- und Boykotthetze« »des internationalen Judentums« verkündete der NSDAP-Gauleiter von Franken, Julius Streicher, im Leitartikel des von ihm herausgegebenen antisemitischen Wochenblatts »Der Stürmer« vom 31. März 1933: »Juda erklärt Deutschland den Krieg«. Bereits am 30. März gab es ein Rundschreiben an alle Gliederungen der NSDAP mit der Aufforderung, ein Aktionskomitee »zur praktischen, planmäßigen Durchführung des Boykotts jüdischer Geschäfte, jüdischer Waren, jüdischer Ärzte und jüdischer Rechtsanwälte« zu bilden. Am 1. April postierten sich SA-Einheiten vor die Eingänge jüdischer Geschäfte, Kaufhäuser, Kanzleien und Arztpraxen. Mit weißer Farbe wurden auf Schaufensterscheiben Losungen wie »Kauft nicht bei Juden!« oder »Juda verrecke!« geschmiert und Kunden daran gehindert, diese Geschäftsräume zu betreten. Die Inszenierung dieser Aktion erkennt man auf einem Foto vom 1. April 1933 in Berlin, auf dem links SA-Angehörige vor dem Kaufhaus Wertheim zu sehen sind, während man rechts den Kameramann sieht, der für die mediale Verbreitung sorgen sollte.

Der eigentliche Boykott fand an einem Samstag statt, so dass Geschäfte orthodoxer Juden wegen des Sabbat-Gebotes sowieso geschlossen waren oder nur die christlichen Angestellten das Geschäft geöffnet hielten. Diese Aktionen zielten damit weniger auf die jüdischen Inhaber als vielmehr auf die nichtjüdische Mehrheitsgesellschaft. Den Anhängern der neuen Herrschaft signalisierte man, wie ganz praktisch die jüdische Konkurrenz ausgeschaltet werden sollte, während man auch den Indifferenten oder Gegnern auf diese Weise öffentlich zeigte, dass ein »Umgang mit Juden« in dem neuen Deutschland nicht mehr erwünscht oder akzeptiert sei.

Dass es dem Regime gegenüber jüdischen Menschen nicht allein um Symbolpolitik ging, wurde im nächsten Schritt mit dem »Gesetz zur Wiederherstellung des Berufsbeamtentums« vom 7. April 1933 gezeigt, mit dem Beamte »nicht arischer Abstammung« aus dem Dienst entfernt werden konnten. Durch dieses Gesetz waren insbesondere jüdische Menschen im akademischen Milieu, an Schulen oder Universitäten und im Gesundheitswesen betroffen. *(Dokument 44)*

Gerade an den Hochschulen entwickelte sich mit Beginn des Sommersemesters eine breite Kampagne zur Ausgrenzung politisch unliebsamer oder jüdischer Hochschullehrer. Vertreter der Deutschen Studentenschaften organisierten gemeinsam mit dem Nationalsozialistischen Studentenverband (NSDStB) an vielen Universitäten mit Roll-Kommandos Störungen gegen Vorlesungen und Seminare von jüdischen Hochschullehrern und allen Gegnern des Regimes.

Gleichzeitig bereiteten sie eine Propagandaaktion großen Ausmaßes in den wichtigsten Universitätsstädten für den 10. Mai 1933 vor, mit der alle oppositionelle oder sonst wie unliebsame Literatur sowie die Werke pazifistischer, marxistischer und jüdischer Autorinnen und Autoren – sogenannte »undeutsche Literatur« – aus dem akademischen und öffentlichen Raum verbannt werden sollten.

Den öffentlichen Höhepunkt dieser Aktion bildete am Abend des 10. Mai 1933 die Bücherverbrennung auf dem Opernplatz in Berlin. *(Dokumente 46 und 47)* 25.000 Bücher waren in den Tagen zuvor aus den öffentlichen Bibliotheken und universitären Einrichtungen zusammengetragen worden. Eskortiert von berittener Polizei marschierten Mitglieder des NSDStB, Korporationsstudenten in ihrem Couleur, Professoren in Talaren, Verbände der SA und SS und der Hitlerjugend sowie Mitglieder des »Kampfbundes für deutsche Kultur« durch das Brandenburger Tor zum Opernplatz. Dort wurden auf einem Scheiterhaufen – trotz strömenden Regens – die inkriminierten Werke unter Verkündigung von »Feuersprüchen« öffentlich verbrannt. Vergleichbare Aktionen fanden an diesem Tag in vielen Universitätsstädten statt und wurden in den kommenden Tagen auch in Städten fortgesetzt, in denen es keine Universitäten gab.

Mit dieser Maßnahme »wider den undeutschen Geist« wurde öffentlich demonstriert, dass marxistische, pazifistische oder sonst wie kritische und jüdische Wissenschaftler nicht mehr Teil des akademischen Denkens und öffentlichen Diskurses sein durften. Insbesondere der NS-Nachwuchs versprach sich von dieser Aktion nicht nur die Ausschaltung von Juden und Kritikern, sondern damit auch neue Karrieremöglichkeiten an den Schulen und Hochschulen, wenn durch das »Gesetz zur Wiederherstellung des Berufsbeamtentums« und die damit verbundene akademische Ausgrenzung im Lehr- und Forschungsbetrieb tatsächlich Stellen frei wurden.

Auf der Grundlage von »Schwarzen Listen« *(Dokument 48)*, die in Zusammenarbeit mit der Deutschen Studentenschaft erstellt worden waren, wurde eine »Säuberung der Volksbüchereien« betrieben, wobei in der »auszumerzenden« Belletristik vor allem jüdische und marxistische Autorinnen und Autoren genannt wurden. Aus der Abteilung Geschichte des Weltkrieges sei sämtliche pazifistische und defätistische Literatur zu entfernen, aus der Abteilung Geschichte Russlands sämtliche »probolschewistische Parteiliteratur«. Interessant ist der Hinweis, dass gerade von der Literatur des »wissenschaftlichen Marxismus« je 1 Exemplar im »Giftschrank der Studien-, Haupt- und Stadtbüchereien« aufgehoben werden sollte. Offenbar meinte man, ohne solche Texte keine ideologische Auseinandersetzung mit marxistischem Denken auf akademischem Niveau zu ermöglichen.

Die zunehmende politische und rassistische Verfolgung veranlasste schon in den ersten Wochen nach Antritt der neuen Regierung mehrere tausend politische Gegner und jüdische Familien, sich vor dieser Bedrohung von Freiheit, Gesundheit und Leben durch Flucht in das benachbarte Ausland zu retten. So flohen zahlreiche politische Gegner in die Tschechoslowakei, in das Saarland, das unter französischer Kontrolle stand, in die Schweiz, die Niederlande, nach Belgien oder Frankreich. Nur in der ČSR erhielten die politischen Gegner einen legalen Aufenthaltsstatus, während sie in den anderen Ländern, sofern sie denn überhaupt die Grenze überqueren konnten, als Ausländer mit einem eingeschränkten Aufenthaltsrecht behandelt wurden.

Die Situation verschlechterte sich noch, als die inzwischen nur noch von der NSDAP gestellte Regierung am 14. Juli 1933 das »Gesetz über den Widerruf von Einbürgerungen und die Aberkennung der deutschen Staatsangehörigkeit« verabschiedete. Darin wurde verkündet, dass Reichsangehörige, die sich im Ausland aufhalten, der deutschen Staatsangehörigkeit für verlustig erklärt werden können, »sofern sie durch ein Verhalten, das gegen die Pflicht zur Treue gegen Reich und Volk verstößt, die deutschen Belange geschädigt haben«. Da die meisten politischen Emigranten als Gegner des NS-Regimes im Exil weitergearbeitet hatten, war damit ihre Staatszugehörigkeit verwirkt. *(Dokumente 49 und 50)*

Problematisch wurde diese Aberkennung für die Emigranten, weil damit die deutschen Personaldokumente für ungültig erklärt wurden. Faktisch galten deutsche Emigranten damit als staatenlos, was den Aufenthalt in dem jeweiligen Exilland enorm erschwerte. Damit war diese Aberkennung der Staatsangehörigkeit nicht nur eine »späte Rache« des NS-Regimes, sondern tatsächlich eine Erschwernis der Existenzbedingungen für Emigranten.

Gegen wen sich dieser Schritt der Ausbürgerung richtete, verkündete die deutsche Reichsregierung selber in amtlichen Bekanntmachungen, die nicht nur die deutschen Botschaften im Ausland erhielten. Es waren profilierte Gegner des NS-Regimes, Parteivertreter, ehemalige Reichstagsabgeordnete, Schriftsteller und Publizisten, deren Vermögen im Deutschen Reich zugunsten des Staates eingezogen wurde.

***

Dokument 46

Erich Kästner: »Bei Verbrennung meiner Bücher«

»Ich stand vor der Universität eingekeilt zwischen Studenten in SA-Uniform, sah unsere Bücher in die zuckenden Flammen fliegen und hörte die schmalzigen Tiraden des kleinen abgefeimten Lügners. Begräbniswetter hing über der Stadt. Der Kopf einer zerschlagenen Büste Magnus Hirschfelds stak auf einer langen Stange, die, hoch über der stummen Menschenmenge, hin und her schwankte. Es war widerlich. … Die Bücher flogen weiter ins Feuer. Die Tiraden des kleinen abgefeimten Lügners ertönten weiterhin. Und die Gesichter der braunen Studentengarde blickten, den Sturmriemen unterm Kinn, unverändert geradeaus, hinüber zu dem Flammenstoß und zu dem psalmodierenden, gestikulierenden Teufelchen. In dem folgenden Jahrdutzend sah ich Bücher von mir nur die wenigen Male, die ich im Ausland war. In Kopenhagen, in Zürich, in London. Es ist ein merkwürdiges Gefühl, ein verbotener Schriftsteller zu sein und seine Bücher nie mehr in Buchläden zu sehen. In keiner Stadt des Vaterlandes. Nicht einmal in der Heimatstadt. Nicht einmal an Weihnachten, wenn die Deutschen durch die verschneiten Straßen eilen, um Geschenke zu besorgen. Zwölf Weihnachten lang! Man ist lebender Leichnam.«

Quelle: Aus dem Vorwort zu Kästners Anthologie »Bei der Durchsicht meiner Bücher«, © Atrium Verlag AG, Zürich 1946

Dokument 47
Feuersprüche zur Bücherverbrennung

Die Bücherverbrennungen, die am 10. Mai 1933 in Berlin ihren Anfang nahmen, wurden regelrecht zelebriert. Dazu gehörten sogenannte Feuersprüche. Zu deren Deklamation wurden die Werke von Philosophen, Wissenschaftlern, Lyrikern, Romanciers und politischen Autoren in die Flammen geworfen. (Ulrich Schneider)

1. Rufer: Gegen Klassenkampf und Materialismus, für Volksgemeinschaft und idealistische Lebenshaltung! Ich übergebe der Flamme die Schriften von Marx und Kautsky.
2. Rufer: Gegen Dekadenz und moralischen Verfall! Für Zucht und Sitte in Familie und Staat! Ich übergebe der Flamme die Schriften von Heinrich Mann, Ernst Glaeser und Erich Kästner.
3. Rufer: Gegen Gesinnungslumperei und politischen Verrat, für Hingabe an Volk und Staat! Ich übergebe der Flamme die Schriften von Friedrich Wilhelm Förster.

4. Rufer: Gegen seelenzerfasernde Überschätzung des Trieblebens, für den Adel der menschlichen Seele! Ich übergebe der Flamme die Schriften des Sigmund Freud.
5. Rufer: Gegen Verfälschung unserer Geschichte und Herabwürdigung ihrer großen Gestalten, für Ehrfurcht vor unserer Vergangenheit! Ich übergebe der Flamme die Schriften von Emil Ludwig und Werner Hegemann.
6. Rufer: Gegen volksfremden Journalismus demokratisch-jüdischer Prägung, für verantwortungsbewusste Mitarbeit am Werk des nationalen Aufbaus! Ich übergebe der Flamme die Schriften von Theodor Wolff und Georg Bernhard.
7. Rufer: Gegen literarischen Verrat am Soldaten des Weltkrieges, für Erziehung des Volkes im Geist der Wahrhaftigkeit! Ich übergebe der Flamme die Schriften von Erich Maria Remarque.
8. Rufer: Gegen dünkelhafte Verhunzung der deutschen Sprache, für Pflege des kostbarsten Gutes unseres Volkes! Ich übergebe der Flamme die Schriften von Alfred Kerr.
9. Rufer: Gegen Frechheit und Anmaßung, für Achtung und Ehrfurcht vor dem unsterblichen deutschen Volksgeist! Verschlinge, Flamme, auch die Schriften der Tucholsky und Ossietzky!

Quelle: Schneider, Wo man Bücher verbrennt …, VVN-BdA Frankfurt 2013, S. 16

Dokument 48
Bücherverbrennung: Eine Auswahl Schwarzer Listen

In Vorbereitung auf die Bücherverbrennung wurden »Schwarze Listen« zu den verschiedenen Bereichen der Literatur von Studenten und Bibliothekaren zusammengetragen. Da sie in aller Eile erstellt wurden, enthalten sie zahllose Fehler in der Schreibweise von Autoren und der Werktitel. Zur Umsetzung der Aussonderung an den Universitätsbibliotheken wurden die Listen an das Hauptamt der Deutschen Studentenschaft (DSt) geschickt. (Ulrich Schneider)

Schwarze Liste (Schöne Literatur)

Die vorliegende Liste nennt alle Bücher und alle Autoren, die bei der Säuberung der Volksbüchereien entfernt werden können. Ob sie alle ausgemerzt werden müssen, hängt davon ab, wie weit die Lücken durch gute Neuanschaffungen aufgefüllt werden. Die Liste sagt nichts über den faktischen Bestand der einzelnen Büchereien. Sie gilt nur als allgemeines Hilfsmittel für Bibliotheken und Kommissare, die mit der Säuberung beauftragt sind. (darunter)

- Anthologie jüngster Lyrik
- Anthologie jüngster Prosa
- Asch, Nathan
- Asch, Schalom
- Babel: Budjonnys Reiterarmee
- Barbusse, Henri
- Bogdanow: Das erste Mädel
- Bonsels: alles außer: Biene Maja, Himmelsvolk
- Bley [Franz Blei]
- Braune: Mädchen von der Orga Privat
- Brecht, Bert
- Breitbach: Rot gegen Rot
- Brod, Max: alles außer: Tycho Brahe
- Doeblin, Alfred: alles außer Wallenstein
- Don Passos [John Roderigo Dos Passos]
- Dreißig neue Erzähler des neuen Russlands
- Dreißig neue deutsche Erzähler
- Ehrenburg: alles außer: Grachus Baboeuf
- Feuchtwanger, Lion
- Fink, Georg
- Frank, Leonhard: alles außer: Räuberbande, Ochsenfurter Männerquartett
- Frey: Pflasterkästen
- Gladkow, Fjodor
- Glaeser, Ernst
- Goll, Iwan

- Gorki: Der Spitzel, Märchen der Wirklichkeit, Eine Beichte, wie ein Mensch geboren ward, Das blaue Leben
- Gruenberg, Karl
- Hasek, Jaroslav
- Hasenclever, Walter
- Hemingway: In einem weiten Land
- Holitscher, Arthur
- Kaestner, Erich: alles außer: Emil
- Kerr, Alfred
- Keun, Irmgard
- Kesten
- Kisch, Egon Erwin
- Koeppen: Heeresbericht
- Kollontay, Alexandra
- Kurtzig: Dorfjuden
- London: Martin Eden, Zwangsjacke, Eiserne Ferse
- Ludwig, Emil
- Mann, Heinrich
- Mann, Klaus
- Meyrink
- Neumann, Robert: alles außer: Mit fremden Federn
- Ottwald, Ernst
- Pinthus, Kurt
- Plivier
- Regler
- Remarque, Erich Maria
- Renn, Ludwig: nur: Nachkrieg
- Ringelnatz
- Roth
- Schnitzler, Arthur: alles außer: Der Weg ins Freie
- Seghers, Anna
- Sinclair, Upton
- Seraphimowitsch: Der eiserne Strom
- Suttner: Die Waffen nieder

- Toller, Ernst
- Traven: Regierung, Der Karren
- Tucholsky, Kurt
- Wassermann, Jakob
- Wedding: Ede und Unku
- Wegner, Armin T.
- Weiskopf
- Werfel: alles außer: Barbara, Verdi, Tod des Kleinbürgers
- Zweig, Arnold
- Zweig, Stefan

Die nachfolgenden schwarzen Listen »Geschichte«, »Kunst« sowie »Politik- und Staatswissenschaften« gingen mit einem Begleitschreiben Dr. Herrmanns vom 8. Mai 1933 am darauf folgenden Tag beim DSt-Hauptamt ein.

Schwarze Liste VII
Belehrende Abteilung: Geschichte (G und D)
Generell:

I) Aus der Abteilung Geschichte des Weltkrieges sämtliche pazifistische und defaitistische Literatur entfernen.

II) Aus der Abteilung Geschichte Russlands (GR) sämtliche probolschewistische Parteiliteratur entfernen. (darunter)

- Barbusse, Henri: 150 Millionen
- Bauer, Otto: Die Österreichische Revolution
- Dan, Th.: Sowjetrussland, wie es wirklich ist; Deutsche Einheit. Deutsche Freiheit. Gedenkbuch zum Verfassungstag 1929
- Eisner, Kurt: alles
- Gumpel, E. J.: alles
- Hurwicz, Elias: Geschichte der jüngsten russischen Revolution
- Kamerad im Westen
- Kautsky, K.
- Kersten, K.: Bismarck und seine Zeit
- Kisch, E. E.: alles

- Luxemburg, R.: alles
- Mehring, F.: alles
- Noske, G.: Von Kiel bis Kapp
- Olberg, Oda: Briefe aus Sowjet-Russland
- Pjanitzki: Aufzeichnungen eines Bolschewisten
- Reed: Zehn Tage, die die Welt erschütterten
- Deutsche Revolution. Eine Sammlung zeitgen. Schriften
- Rosenberg, A.: Die Entstehung der deutschen Republik
- Rühle, O.: Illustrierte Kultur- und Sittengeschichte des Proletariats
- Slang, F.: Panzerkreuzer Potemkin
- Sommer, Br.: Geschichte der Religionen (Bd. I-2), Die Bibel
- Stalin: Auf dem Weg zum Oktober
- Trotzki, L.
- Tschuppik, K.: Ludendorff
- Wittvogel, K. A.

Schwarze Liste VIII
Belehrende Abteilung: Politik und Staatswissenschaften
Vorbemerkung: Die restlose Sperrung der Abteilung Sozialismus geht zu weit, in jedem Fall ist das nicht- und vormarxistische deutsche Schrifttum zum Sozialismus von der Sperrung auszunehmen. Zum Ersatz für die ausrangierten marxistischen Bücher empfiehlt es sich, das parteifreie Arbeiterschrifttum vor allem aus den Abteilungen: Arbeiterfrage, Sozialpolitik, Genossenschaftswesen, Bevölkerungsfrage, Arbeitsdienst mehr in den Verkehr zu bringen. Außerdem ist darauf zu achten, dass gerade von der Literatur des wissenschaftlichen Marxismus je 1 Exemplar im Giftschrank der Studien-, Haupt- und Stadtbüchereien aufgehoben wird. (Darunter)

- Adler, Max: alles
- Asch, Käthe: Die Lehre Charles Fouriers
- Aufhäuser, S.: alles
- Balabanoff, A.: alles
- Barbusse, H.: Die Henker, 150 Millionen

- Bebel, A.: Die Frau und der Sozialismus
- Bernstein, Ed.: alles
- Bernstein, F.: Der Antisemitismus als Gruppenerscheinung
- Blos, A.: Die Frauenfrage im Lichte des Sozialismus
- Borchardt, J.: Einführung in den wissenschaftlichen Sozialismus
- Brupacher, N.: Marx und Lenin
- Bucharin, N.: Das Programm der Kommunisten
- Coudenhove-Kalergi, R. N.: alles
- Engels, F.: Sämtliche Schriften, außer: Der deutsche Bauernkrieg, Die Lage d. arbeitenden Klassen in England, Ludwig Feuerbach und der Ausgang der klassischen Philosophie
- Fabian, W.: Die Kriegsschuldfrage
- Feiler, A.: Das Experiment des Bolschewismus
- Fischer, L.: Oelimperialismus
- Foerster, F. W.: alles
- Fraenkel, E.: Soziologie der Klassenjustiz
- Fried, A. H.: Handbuch der Friedensbewegung
- Goetz, W.: Deutsche Demokratie
- Gumpel, E. J.: Verräter verfallen der Feme, Verschwörer, Vier Jahre politischer Mord
- Das Heidelberger Programm
- Heimann, Ed.: Kapitalismus und Sozialismus, Sozialistische Wirtschafts- und Arbeitsordnung
- Hilferding, R.: Das Finanzkapital, Die Schicksalsstunde der deutschen Wirtschaftspolitik
- Hodann, Max: Geschlecht und Liebe
- Hoelz, Max: alles
- Juchacz: Arbeiterwohlfahrt
- Jugow, A.: Fünfjahresplan, Die Volkswirtschaft der Sowjetunion
- Kampffmeyer, P.: Geschichte der med. Gesellschaftsklassen in Deutschland
- Kautzky, K.: außer: Der Bolschewismus in der Sackgasse
- Korsch, K.: Marxismus und Philosophie
- Krakauer, S.: Die Angestellten

- Krische, P.: alles (Freidenkerverlag)
- Kurella, A.: Mussolini ohne Maske
- Landauer, S.: Aufruf zum Sozialismus
- Lasalle: alles, außer: Assisen-Reden, Ueber den besonderen Zusammenhang der gegenwärtigen Geschichtsperiode mit der Idee des Arbeiterstandes
- Lenin: alles, außer: Der Radikalismus die Kinderkrankheit des Kommunismus, Die Revolution von 1917
- Lepinski, Fr.: Die jungsozialistische Bewegung
- Lichtenberger, Henri: Deutschland und Frankreich
- Liebknecht, K.: Klassenkampf gegen den Krieg, Reden und Aufsätze, Militarismus und Anti-Militarismus, Studien über die Bewegungsgesetze der gesellschaftlichen Entwicklung
- Lindsey, B. B.: Kameradschaftsehe
- Lion, Hilde: Soziologie der Frauenbewegung
- Lukacz: Geschichte und Klassenbewusstsein
- Lunatscharski: Kulturaufgaben der Arbeiterklasse
- Luxemburg, R.: alles
- Mann, H.: Macht und Mensch
- Mann, Th.: Von deutscher Republik, Deutsche Aussprache
- Marx, K.: alles
- Mehrung, Fr.: alles
- Olberg, Oda: Der Faschismus in Italien, Die Entartung in ihrer Kulturbedingtheit
- Oppenheimer, L.: Die soziale Frage, Das Grundgesetz der marxistischen Gesellschaft
- Pannekoek: Marxismus und Darwinismus
- Preuss, Hugo: Deutschlands republikanische Reichsverfassung, Staat, Recht und Freiheit, Verfassungspolitische Entwicklungen
- Protokolle über die Verhandlungen des Parteitages der S.P.D.
- Rathenau, W.: Der neue Staat
- Sinclair, U.: Religion und Profit
- Sinowjew: Die Geschichte der kommunistischen Partei Russlands

- Stalin: Lenin und der Leninismus, Auf dem Wege zum Oktober
- Sternberg, Fritz: Der Imperialismus, Der Niedergang des deutschen Kapitalismus
- Suhr, O.: Die Welt der Wirtschaft
- Tillich, P.: Die sozialistische Entscheidung
- Toller, E.: Justiz
- Trotzki, L.: alles
- Wiesengrün: Marxismus
- Wittfogel, K. A.: alles, ausser: Das erwachende China

Quelle: Schneider, Wo man Bücher verbrennt …,
VVN-BdA Frankfurt 2013, S. 11 ff

Dokument 49

Gesetz über den Widerruf von Einbürgerungen und die Aberkennung der deutschen Staatsangehörigkeit

14. Juli 1933

§ 1

Einbürgerungen, die in der Zeit zwischen dem 9. November 1918 und dem 30. Januar 1933 vorgenommen worden sind, können widerrufen werden, falls die Einbürgerung nicht als erwünscht anzusehen ist.

Durch den Widerruf verlieren außer dem Eingebürgerten selbst auch diejenigen Personen die deutsche Staatsangehörigkeit, die sie ohne die Einbürgerung nicht erworben hätten.

Der Widerruf wird wirksam mit der Zustellung der Widerrufsverfügung oder mit dem Zeitpunkt seiner Veröffentlichung im Reichsanzeiger. …

§ 2

Reichsangehörige, die sich im Ausland aufhalten, können der deutschen Staatsangehörigkeit für verlustig erklärt werden, sofern sie durch ein Verhalten, das gegen die Pflicht zur Treue gegen Reich und Volk verstößt, die deutschen Belange geschädigt haben. Das gleiche gilt für Reichsangehörige, die einer Rückkehraufforderung nicht Folge leisten, die der Reichsminister des Innern unter Hinweis auf diese Vorschrift an sie gerichtet hat. Bei der Einleitung des Aberkennungsverfahrens oder bei Erlass der Rückkehraufforderung kann ihr Vermögen beschlagnahmt, nach Aberkennung der deutschen Staatsangehörigkeit als dem Reiche verfallen erklärt werden. Die Beschlagnahme des Vermögens endigt spätestens mit dem Ablauf von 2 Jahren, falls es nicht vorher als dem Reiche verfallen erklärt wird.

Diese Maßnahmen können auch gegenüber Reichsangehörigen im Saargebiet getroffen werden, die in der Zeit nach dem 30. Januar 1933 ihren Aufenthalt dorthin verlegt haben.

Die Entscheidung trifft der Reichsminister des Innern im Einvernehmen mit dem Reichsminister des Auswärtigen in der Regel nach Anhörung der Regierungen der beteiligten Länder; als beteiligt gelten das Land, dem der Reichsangehörige angehört, und diejenigen Länder, in denen er innerhalb der letzten Jahre seine dauernde Niederlassung gehabt hat.

Der Reichsminister des Innern im Einvernehmen mit dem Reichsminister des Auswärtigen beschließt im einzelnen Falle, inwieweit sich der Verlust der deutschen Staatsangehörigkeit auf den Ehegatten, auf die ehelichen oder an Kindesstatt angenommenen Kinder, bei Frauen auf die unehelichen Kinder erstreckt.

Die Aberkennung der Staatsangehörigkeit wird mit der Verkündung der Entscheidung im Reichsanzeiger wirksam.

§ 3

Der Reichsminister des Innern kann im Einvernehmen mit den Reichsministern des Auswärtigen und der Finanzen Rechts- und Verwaltungsvorschriften zur Ausführung dieses Gesetzes erlassen.

Quelle: Reichsgesetzblatt 1933 I, S. 480

Dokument 50

Aberkennung der deutschen Staatsangehörigkeit

23. August 1933

In einer **Amtlichen Bekanntmachung vom 23. August 1933** wurde unter anderen folgenden Personen die Staatsbürgerschaft aberkannt:

- Dr. Breitscheid, Rudolf
- Feuchtwanger, Lion
- Fischer, Ruth
- v. Gerlach, Helmuth
- Grzesinski, Albert
- Gumbel, Emil
- Hölz, Max
- Dr. Kerr, Alfred
- Mann, Heinrich
- Münzenberg, Wilhelm
- Pieck, Wilhelm
- Scheidemann, Philipp
- Schwarzschild, Leopold
- Sievers, Max
- Stampfer, Friedrich
- Toller, Max
- Dr. Tucholsky, Kurt
- Weiß, Bernhard
- Wels, Otto

Das Vermögen dieser Personen wird hiermit beschlagnahmt.

Quelle: Heinz Brüdigam, Faschismus an der Macht, S. 192

Kapitel 11

Mit Terror und Gesetzen gegen die Arbeiterbewegung

Das Regime praktizierte in den ersten Wochen und Monaten nicht nur alle Formen des Terrors gegen die politischen Gegner aus der Arbeiterbewegung, sondern schuf in rasanter Geschwindigkeit auch gesetzliche Rahmenbedingungen, die jegliches Handeln der Arbeiterorganisationen unter Strafe stellen sollte. In den Notverordnungen waren bereits Versammlungsverbote, Verbote von Zeitungen und anderer Öffentlichkeitsarbeit festgelegt. Das neue Regime versuchte damit, diejenigen Kräfte auszuschalten, die es als größte Bedrohung des faschistischen Auswegs aus der Krise der Weimarer Republik betrachtete.

Zwar hatten SPD und Gewerkschaften auf den Aufruf der KPD zum Generalstreik nicht reagiert, auch der Generalstreik in Mössingen war eine isolierte Ausnahme. Dennoch blieben das Arbeitermilieu und seine Organisationen im Fokus der neuen Machthaber. Bei der Reichstagswahl im März 1933 wurde für die Herrschenden ersichtlich, dass der Einbruch in das Wählerpotenzial der Arbeiterparteien nur unzureichend gelungen war. Und bei einer weiteren Wahl zeigte sich noch die Stabilität der Arbeiterbewegung. Die turnusmäßigen Betriebsratswahlen, die vom März bis Mai 1933, stattfinden sollten, machten schon bei den ersten Abstimmungen deutlich, dass die neue Regierung und die Nationalsozialistische Betriebszellenorganisation (NSBO) in den größeren Betrieben keine Verankerung besaßen. Anfang April veröffentlichte der ADGB erste Zahlen aus den Großbetrieben. Nach denen kam die NSBO auf 11,7 %. Die Freien Gewerkschaften kamen auf 73,4 %, die Christlichen Gewerkschaften auf 7,6 %, die Hirsch-Dunckerschen Gewerkvereine auf 0,6 % und die der KPD nahestehende Revolutionäre Gewerkschafts-Opposition auf 4,9 %. Vor dem Hintergrund dieser Voten war es folgerichtig, dass die neue Regierung hier Handlungsbedarf sah. Mit dem Gesetz vom 4. April 1933 über »Betriebsvertretungen und wirtschaftliche Vereinigungen« *(Dokument 52)* wurden die noch laufenden Betriebsratswahlen ausgesetzt und eigenmächtige, terroristische Absetzungen von Betriebsräten legitimiert – die Wahlergebnisse damit auf den Kopf gestellt. Um ein überwältigendes Votum für die freien Gewerkschaften zu verhindern, besetzten marodierende SA-Horden schon im März und April 1933 in allen Teilen des Reiches Gewerkschaftsbüros, zerstörten Karteien und setzten Unterlagen in Brand. Wie das Beispiel der Vorgänge in Kassel zeigt *(Dokument 51)*, zielte diese Aktion noch nicht auf die gänzliche Ausschaltung der Gewerkschaften, sondern auf eine moralische Demütigung, als deren Fahnen und Symbole in der »roten Altstadt« öffentlich verbrannt wurden.

Gewählte Betriebsräte, die der KPD oder sozialistischen Gruppen angehörten, wurden verhaftet, Sozialdemokraten teilweise abgesetzt und durch NSBO-Vertreter ersetzt. Gleichzeitig konnten unter diesen Bedingungen in den öffentlichen wie in den Privatunternehmen politisch unliebsame Arbeiter ohne Kündigungsschutz entlassen werden.

Das waren die Rahmenbedingungen, als die Vorstände der freien Gewerkschaften Mitte April darüber berieten, wie man mit dem Vorstoß der Reichsregierung, den 1. Mai zum arbeitsfreien »Tag der nationalen Arbeit« zu erklären, umgehen solle. Vergleichbar mit der abwiegelnden Haltung zum 30. Januar 1933 begrüßte der ADGB-Bundesvorstand am 15. April, dass die Reichsregierung diesen »unseren Tag« zum gesetzlichen Feiertag der nationalen Arbeit, zum deutschen Volksfeiertag erklärt habe. Und man rief dazu auf:

»Der deutsche Arbeiter soll am 1. Mai standesbewusst demonstrieren, soll ein vollberechtigtes Mitglied der deutschen Volksgemeinschaft werden.« *(Dokument 53)*

Statt jedoch, wie in den Jahren zuvor, die organisatorische Verantwortung und die kämpferische Mobilisierung für diesen 1. Mai mit seinen Kundgebungen und Aufmärschen zu übernehmen, überließ man die gesamte Aufgabe den staatlichen Stellen, was in diesem Fall bedeutete, einem Aktionskomitee bei der Reichsleitung der NSBO.

Die Maifeiern wurden im ganzen Reich als propagandistische Großveranstaltungen vorbereitet. Allein in Berlin gab es zwei große Aufmärsche, am Vormittag die »Jugendkundgebung« im Berliner Lustgarten, am frühen Nachmittag den Massenaufmarsch mit zehntausenden Teilnehmenden auf dem Tempelhofer Feld. Der »Baumeister des Führers« Albert Speer hatte extra für diesen Aufmarsch eine beeindruckende Kulisse entworfen. Der ADGB hatte seine Mitglieder aufgerufen, an diesen Versammlungen teilzunehmen. Bei diesem Aufmarsch wurden jedoch keine Gewerkschaftsfahnen oder andere Insignien der Arbeiterbewegung geduldet. Die Arbeiter sollten nicht – wie in früheren Jahren – nach Gewerkschaften oder Betriebsgruppen aufmarschieren, sondern nach von der NSBO vorgegebenen Berufsgruppen. Auch von der Optik her war deutlich, dass ein solcher 1. Mai nichts mehr mit der Tradition der Arbeiterbewegung zu tun hatte.

Was die ADGB-Funktionäre nicht wussten, war die Tatsache, dass bereits am 21. April 1933 Robert Ley als Vorsitzender des Aktionskomitees der NSBO einen Aktionsfahrplan zur Zerschlagung der Freien Gewerkschaften am 2. Mai 1933 herausgegeben hatte. *(Dokument 54)* Goebbels schrieb bereits am 17. April 1933 in sein Tagebuch: »Den 1. Mai werden wir zu einer grandiosen Demonstration deutschen Volkswillens gestalten. Am 2. Mai werden dann die Gewerkschaftshäuser besetzt. Gleichschaltung auch auf diesem Gebiet. Es wird vielleicht ein paar Tage Krach geben, aber dann gehören sie uns. Man darf hier keine Rücksicht kennen. … Sind die Gewerkschaften in unserer Hand, dann werden sich auch die anderen Parteien und Organisationen nicht mehr lange halten können.« *(zit. nach Winkler: Arbeiter und Arbeiterbewegung. Bd. 3, S. 927)*

Und tatsächlich lief die Zerschlagung der Strukturen des ADGB in der von der NS-Regierung geplanten Form. In einzelnen Fällen hatten sich kämpferische Gewerkschafter in den Häusern zum Schutz ihrer Organisation verschanzt, aber dieser Widerstand wurde am Morgen des 2. Mai 1933 mit Hilfe von Polizei und SA als Hilfspolizei überwunden. Gewählte Gewerkschaftsfunktionäre wurden in »Schutzhaft« genommen. In Duisburg wurden bei den Übergriffen an diesem Tag vier bekannte Gewerkschaftsfunktionäre ermordet. Beschäftigte der Gewerkschaften wurden aufgefordert, weiterzuarbeiten und die Gelder »ordnungsgemäß« zu übergeben. Mit den Finanzmitteln der Gewerkschaften wurde am 10. Mai als Ersatzorganisation für die Gewerkschaften die »Deutsche Arbeitsfront« (DAF) gegründet. Sie war eine Zwangsorganisation, die im Oktober 1934 unmittelbar der NSDAP unterstellt wurde. In ihren Reihen waren aber nicht nur die Beschäftigten als »Gefolgschaft«, sondern auch die jeweiligen Unternehmer als »Betriebsführer« verpflichtend Mitglied. Dass ein solches Hierarchie-System keine betriebliche Interessensvertretung der Belegschaften darstellen konnte, liegt auf der Hand. Die Arbeitswelt sollte durch eine »Betriebsgemeinschaft« getragen werden. Bei schwerwiegenden Konflikten zu Lohn- und Arbeitsbedingungen sollten »Treuhänder der Arbeit«, die im Mai 1933 per Gesetz geschaffen wurden, eingreifen. *(Dokument 55)* Ihre vorrangige Aufgabe war es, »für die Aufrechterhaltung des Arbeitsfriedens« zu sorgen.

Diese Ideologie wurde im Januar 1934 in das »Gesetz zur Ordnung der nationalen Arbeit« gegossen. *(Dokument 57)* Das Betriebsverfassungsgesetz der Weimarer Republik wurde aufgehoben und an dessen Stelle – im Sinne der Unternehmerseite – eine Arbeitsverfassung geschaffen, die in erstaunlicher Offenheit die neuen Machtverhältnisse im Betrieb formulierte. In Artikel 1 hieß es: »Im

Betriebe arbeiten der Unternehmer als Führer des Betriebes, die Angestellten und Arbeiter als Gefolgschaft gemeinsam zur Förderung der Betriebszwecke und zum gemeinsamen Nutzen von Volk und Staat«. Noch deutlicher wurde Artikel 2: »Der Führer des Betriebes entscheidet der Gefolgschaft gegenüber in allen betrieblichen Angelegenheiten«.

Als einziges Organ, bei dem die Beschäftigten in Betrieben wenigstens Anhörungsrechte besaßen, war der »Vertrauensrat«, der in Betrieben mit mindestens zwanzig Arbeitern eingerichtet werden sollte. Vorsitzender des »Vertrauensrates« war der Unternehmer, Beschäftigtenvertreter mussten Mitglied der DAF sein und »die Gewähr bieten, … jederzeit rückhaltlos für den nationalen Staat« einzutreten. Auf diese Weise versuchte man jegliches oppositionelles Potenzial in den Betrieben auszuschalten.

Als ein ganz eigenes Instrument zu Verfolgung von politisch unliebsamen Bestrebungen erwies sich das Gesetz über die »Einziehung kommunistischen Vermögens« vom 26. Mai 1933. Dabei ging es weniger um tatsächliche Besitztümer der längst in die Illegalität gedrängten KPD, sondern um die Enteignung von Geldern, Sachen und Rechten, »die zur Förderung kommunistischer Bestrebungen gebraucht oder bestimmt sind«. Diese Formulierung war so dehnbar, dass alle Dinge, die dem NS-Regime suspekt waren, Sportgeräte eines Arbeitersportvereins, Musikinstrumente und Notenblätter eines Arbeitergesangvereins, selbst Spargroschen eines Vereins für Feuerbestattung, zugunsten des faschistischen Staates eingezogen werden konnten. Es reichte die Behauptung, dass »Sachen und Rechte … zur Förderung kommunistischer Bestrebungen gebraucht oder bestimmt sind« *(Dokument 56)*, um sie dem Zugriff des Staates auszusetzen. Juristischer Widerspruch war vor diesem Hintergrund erfolglos. Selbst Immobilien und andere Objekte z. B. der Naturfreunde wurden mit dieser Begründung enteignet.

***

Dokument 51

Der Sturm auf das Gewerkschaftshaus in Kassel

7. März 1933

Telegramm des ADGB vom 7. März 1933 an Reichspräsident Paul von Hindenburg, um »Schutz für die Freien Gewerkschaften« gegen das Wüten der NSDAP einzufordern.

»Heute Nachmittag von Nationalsozialisten unter dem Schutze von Polizei ohne Anlass Innenräume des Gewerkschaftshauses zerstört, Türen eingeschlagen, Mobiliar zertrümmert, Akten und Mitgliederverzeichnisse durch Fenster auf Straße geworfen, kostbare Zunftfahnen der Gewerkschaften mitgenommen und auf öffentlichem Platze verbrannt. Platten von Photographien, Aufnahmen über Zerstörungen mit vorgehaltenen Revolvern aus Wohnung des Photographen geraubt. Weitere Ausschreitungen zu befürchten. Ungeheure Empörung der Bevölkerung. Ersuchen um Einschreiten = Allgemeiner Deutscher Gewerkschaftsbund, Ortsausschuss Kassel.«

Polizeibericht über die Vorgänge am 7. März 1933 in Kassel

»Als der Zug der NSDAP, an dessen Spitze sich Dr. Freisler (er war damals NSDAP-Fraktionsvorsitzender im Kasseler Stadtparlament und Abgeordneter des preußischen Landtages) und Gaupropagandaleiter Gerland befanden, vor dem Gewerkschaftshaus eintraf, war die Spohrstraße bereits von einer großen Menschenmenge besetzt. Eine Anzahl Personen, vorwiegend in Zivil, aber auch in Uniform der NSDAP, war in das Haus eingedrungen. Aus den Fenstern des Hauses wurden Fahnen, Bilder und Druckschriften auf die Straße geworfen. Um die Massen zu beschwichtigen und Ausschreitungen innerhalb des Gebäudes zu verhüten, begab sich Dr. Freisler sofort in dieses, riegelte die Treppe zu den Gängen des Hauses ab und hielt von dem Balkon des Hauses aus eine Ansprache, in der er ausführte, dass die NSDAP von dem Gebäude symbolisch Besitz ergriffen habe und man nunmehr zum Martinsplatz ziehen wolle, um im Zeichen eines neuen Volkssymbols die vorerwähnten Fahnen zu verbrennen. Auch wurde auf dem Gewerkschaftshaus die Hakenkreuzfahne gehisst. Alsdann setzte sich der Zug nach dem Martinsplatz in Bewegung, wo nach einer erneuten Ansprache des Rechtsanwalts Dr. Freisler die Verbrennung der Fahnen erfolgte.«

Quelle: Staatsarchiv Marburg, StA MR 165/ 3982

Dokument 52

Gesetz über Betriebsvertretungen und über wirtschaftliche Vereinigungen

4. April 1933

Artikel I

Betriebsvertretungen

§ 1

(1) Aus Gründen der öffentlichen Sicherheit und Ordnung kann die oberste Landesbehörde für das Land, für einen Teil des Landes oder für einzelne Betriebe die Wahlen zu den gesetzlichen Betriebsvertretungen bis längstens zum 30. September dieses Jahres aussetzen.

(2) Wird die Wahl ausgesetzt, so bleibt die bisherige Betriebsvertretung im Amte. Eine Ergänzung von Betriebsvertretungen wegen Ausscheidens von Mitgliedern ist nur erforderlich, wenn die Zahl ihrer Mitglieder unter die Hälfte ihrer gesetzlichen Mitgliederzahl oder auf weniger als drei Mitglieder gesunken ist. Die zur Erreichung dieser Mindeststärke erforderlichen neuen Betriebsvertretungsmitglieder sind von der obersten Landesbehörde oder der von ihr bestimmten Behörde aus den wählbaren Arbeitnehmern der Belegschaft zu ernennen.

§ 2

Die oberste Landesbehörde oder die von ihr bestimmte Behörde kann das Erlöschen der Mitgliedschaft solcher Betriebsvertretungsmitglieder anordnen, die in staats- oder wirtschaftsfeindlichem Sinne eingestellt sind. An Stelle der ausgeschlossenen Mitglieder kann sie aus den wählbaren Arbeitnehmern der Belegschaft neue Betriebsvertretungsmitglieder ernennen. ...

§ 4

Für die Verwaltungen und Betriebe des Reiches einschließlich der Deutschen Reichsbahn Gesellschaft und der Reichsbank treten für die Ausübung der in Artikel 1 enthaltenen Befugnisse der obersten Landesbehörden an deren Stelle die zuständigen obersten Reichsbehörden. ...

Artikel II

Entlassung von Arbeitnehmern

Das in § 84 des Betriebsrätegesetzes vorgesehene Recht des Einspruchs gegen die Kündigung eines Arbeitnehmers besteht nicht, wenn die Kündigung mit dem Verdacht staatsfeindlicher Einstellung begründet wird. Der Arbeitnehmer kann binnen einer Woche die nach Artikel I § 2 zuständige Behörde anrufen. Diese entscheidet nach Anhörung der Beteiligten. Verneint sie dies, so gilt die Kündigung als zurückgenommen.

Quelle: Reichsgesetzblatt, Teil I, S. 161 f

Dokument 53

Aufruf des ADGB zum 1. Mai 1933

Kollegen und Kolleginnen!

Im Zeichen des 1. Mai habt ihr alljährlich euch zu der großen Aufgabe bekannt, in der deutschen Arbeiterschaft den hohen Gedanken der gegenseitigen Hilfe durch Erziehung zu Standesbewusstsein, Gemeinschaftswillen und Kameradschaftsgeist unermüdlich zu wecken, zu pflegen und zu fördern, wie er in unseren Gewerkschaften seinen organisatorischen Ausdruck gefunden hat.

Am Tage des 1. Mai erglühte stets erneut das Bekenntnis der von leidenschaftlichem Kulturwillen beseelten deutschen Arbeiter, den werktätigen Menschen einem dumpfen Arbeitsdasein zu entreißen und ihn als freie, selbstbewusste Persönlichkeit in die Gemeinschaft des Volkes einzuordnen.

So habt ihr im Zeichen des 1. Mai euch den gesetzlichen Achtstundentag, das Recht auf menschenwürdige Existenz erobert.

Wir begrüßen es, dass die Reichsregierung diesen unseren Tag zum gesetzlichen Feiertag der nationalen Arbeit, zum deutschen Volksfeiertag erklärt hat.

An diesem Tage soll nach der amtlichen Ankündigung der deutsche Arbeiter im Mittelpunkt der Feier stehen.

Der deutsche Arbeiter soll am 1. Mai standesbewusst demonstrieren, soll ein vollberechtigtes Mitglied der deutschen Volksgemeinschaft werden. Das deutsche Volk soll an diesem Tage seine unbedingte Solidarität mit der Arbeiterschaft bekunden.

Kollegen und Kolleginnen in Stadt und Land! Ihr seid die Pioniere des Maigedankens. Denkt immer daran und seid stolz darauf.

In herzlicher Kameradschaft mit euch allen unerschütterlich verbunden, senden wir euch zu diesem Tage unseren gewerkschaftlichen Gruß.

Berlin, 15. April 1933, Der Bundesvorstand des Allgemeinen Deutschen Gewerkschaftsbundes

Quelle: Gewerkschaftszeitung Nr. 16 vom 22. April 1933, S. 241, https://www.gewerkschaftsgeschichte.de/downloads/e_08_dok_3_adgb.pdf

Dokument 54

Zerschlagung der freien Gewerkschaften

Rundschreiben von Robert Ley, 21. April 1933

Dienstag, den 2. Mai 1933, vormittags 10 Uhr, beginnt die Gleichschaltungsaktion gegen die Freien Gewerkschaften. Die Leitung der gesamten Aktion liegt in den Händen des Aktionskomitees. Das Aktionskomitee setzt sich folgendermaßen zusammen:

- Dr. Robert Ley, Vorsitzender,
- Rudolph Schmeer, Stellvertreter,
- Schuhmann, Kommissar für den ADGB,
- Peppler, Kommissar für den AFA-Bund,
- Muchow, Organisation,
- Bankdirektor Müller, Komm. Leiter der Bank der Arbeiter, Angestellten und Beamten,
- Brinckmann, Komm. Hauptkassierer,
- Biallas, Propaganda und Presse.

Zum erweiterten Aktionskomitee gehören sämtliche kommissarischen Leiter der Verbände.

Im Wesentlichen richtet sich die Aktion gegen den Allgemeinen Deutschen Gewerkschaftsbund (ADGB) und den Allgemeinen Freien Angestelltenbund (AFA-Bund). Was darüber hinaus von den Freien Gewerkschaften abhängig ist, ist dem Ermessen der Gauleiter anheimgestellt.

Verantwortlich für die Durchführung der Gleichschaltungsaktion in den einzelnen Gebieten sind die Gauleiter. Träger der Aktion soll die NSBO sein.

SA bzw. SS ist zur Besetzung der Gewerkschaftshäuser und der Inschutzhaftnahme der in Frage kommenden Persönlichkeiten einzusetzen. ...

Im Reich werden besetzt:

- Die Leitung der Verbände;
- die Gewerkschaftshäuser und Büros der Freien Gewerkschaften, die Parteihäuser der SPD, soweit
- Gewerkschaften dort untergebracht sind;
- die Filialen und Zahlungsstellen der »Bank der Arbeiter, Angestellten und Beamten AG.«;
- die Bezirksausschüsse des ADGB und des AFA-Bundes;
- die Ortsausschüsse des ADGB und des AFA-Bundes.

In Schutzhaft werden genommen:

- alle Verbandsvorsitzenden;
- die Bezirkssekretäre und
- die Filialleiter der »Bank der Arbeiter, Angestellten und Beamten AG.« …

Die Übernahme der Freien Gewerkschaften muss in der Form vor sich gehen, dass dem Arbeiter und Angestellten das Gefühl gegeben wird, dass diese Aktion sich nicht gegen ihn, sondern gegen ein überaltertes und mit den Interessen der deutschen Nation nicht übereinstimmendes System richtet.

Die vorläufige örtliche Leitung des ADGB und des AFA-Bundes übernimmt ein Kommissar der NSBO. …

In allen Städten sind möglichst bald Massenversammlungen für die Gewerkschaftsmitglieder bei freiem Eintritt zu veranstalten, in denen über den Sinn der Aktion gesprochen und dargetan wird, dass die Rechte der Arbeiter und Angestellten unbedingt gewahrt werden. …

Es ist selbstverständlich, dass die Aktion in größter Disziplin vor sich zu gehen hat. Die Gauleiter sind dafür verantwortlich, dass sie die Leitung der Aktion fest in der Hand behalten.

Heil Hitler!, gez. Dr. Robert Ley

Quelle: Rundschreiben Robert Leys vom 21. April 1933, in: Der Prozess gegen die Hauptkriegsverbrecher vor dem Internationalen Militärgerichtshof. Nürnberg 14. Nov. 1945 – 1. Okt. 1946. Band XXV, Amtl. Text – Dt. Ausgabe, Urkunden und anderes Beweismaterial. Nürnberg 1947. Dokument 392-PS, S. 534-36

Dokument 55

Gesetz über Treuhänder der Arbeit

19. Mai 1933

Die Reichsregierung hat das folgende Gesetz beschlossen, das hiermit verkündet wird:

§ 1

(1) Der Reichskanzler ernennt auf Vorschlag der zuständigen Landesregierungen und im Einvernehmen mit ihnen für größere Wirtschaftsgebiete Treuhänder der Arbeit.

(2) Der Reichsarbeitsminister soll die Treuhänder im Einvernehmen mit den beteiligten Landesregierungen einer von diesen oder einer Landesbehörde zuteilen.

§ 2

(1) Bis zur Neuordnung der Sozialverfassung regeln die Treuhänder an Stelle der Vereinigungen von Arbeitnehmern, einzelner Arbeitgeber oder der Vereinigungen von Arbeitgebern rechtsverbindlich für die beteiligten Personen die Bedingungen für den Abschluss von Arbeitsverträgen. Die Vorschriften über die Allgemeinverbindlichkeit (§§ 2 ff. der Tarifvertragsordnung in der Fassung vom 1. März 1928, Reichsgesetzbl. I, S. 47) bleiben unberührt.

(2) Auch im Übrigen sorgen die Treuhänder für die Aufrechterhaltung des Arbeitsfriedens.

(3) Sie sind ferner zur Mitarbeit bei der Vorbereitung der neuen Sozialverfassung berufen.

§ 3

Die Treuhänder können die zuständigen Reichs- und Landesbehörden um die Durchführung ihrer Anordnungen und Verfügungen ersuchen. Sie sollen sich vor ihren Maßnahmen mit der Landesregierung oder einer von ihr bezeichneten Behörde in Verbindung setzen, es sei denn, dass Gefahr im Verzuge besteht.

§ 4

Die Treuhänder der Arbeit sind an Richtlinien und Weisungen der Reichsregierung gebunden.

§ 5

Der Reichsarbeitsminister erlässt im Einvernehmen mit dem Reichswirtschaftsminister die notwendigen Durchführungsbestimmungen.

Berlin, den 19. Mai 1933

Quelle: Reichsgesetzblatt 1933 I, S. 285

Dokument 56

Gesetz über die Einziehung kommunistischen Vermögens

26. Mai 1933

Um kommunistischen Umtrieben dienendes Vermögen einer staatsfeindlichen Verwendung für die Dauer zu entziehen, hat die Reichsregierung das folgende Gesetz beschlossen, das hiermit verkündet wird:

§ 1

(1) Die obersten Landesbehörden oder die von ihnen bestimmten Stellen können Sachen und Rechte der Kommunistischen Partei Deutschlands und ihrer Hilfs- und Ersatzorganisationen sowie Sachen und Rechte, die zur Förderung kommunistischer Bestrebungen gebraucht oder bestimmt sind, zugunsten des Landes entziehen.

(2) Der Reichsminister des Innern kann die obersten Landesbehörden um Maßnahmen nach Abs. 1 ersuchen.

§ 2

§ 1 findet auf vermietete oder unter Eigentumsvorbehalt gelieferte Sachen keine Anwendung, es sei denn, dass der Vermieter oder Lieferant mit der Hingabe der Sache eine Förderung kommunistischer Bestrebungen beabsichtigt hat.

§ 3

Die an den eingezogenen Gegenständen bestehenden Rechte erlöschen. Durch die Einziehung eines Grundstücks werden jedoch die an dem Grundstück bestehenden Rechte nicht berührt; die einziehende Behörde kann ein solches Recht für erloschen erklären, wenn mit der Hingabe des Gegenwerts eine Förderung kommunistischer Bestrebungen beabsichtigt war.

…

§ 7

Eine Entschädigung wird für die nach §§ 1, 3 und 5 getroffenen Maßnahmen nicht gewährt.

Berlin, den 26. Mai 1933

Quelle: Reichsgesetzblatt 1933 I, S. 293

Dokument 57

Gesetz zur Ordnung der nationalen Arbeit

20. Januar 1934

Die Reichsregierung hat das folgende Gesetz beschlossen, das hiermit verkündet wird:

Führer des Betriebes und Vertrauensrat

§ 1

Im Betriebe arbeiten der Unternehmer als Führer des Betriebes, die Angestellten und Arbeiter als Gefolgschaft gemeinsam zur Förderung der Betriebszwecke und zum gemeinsamen Nutzen von Volk und Staat.

§ 2

(1) Der Führer des Betriebes entscheidet der Gefolgschaft gegenüber in allen betrieblichen Angelegenheiten, soweit sie durch dieses Gesetz geregelt werden.

(2) Er hat für das Wohl der Gefolgschaft zu sorgen. Diese hat ihm die in der Betriebsgemeinschaft begründete Treue zu halten.

…

§ 4

(1) Als Betriebe im Sinne dieses Gesetzes gelten auch Verwaltungen.

(2) Nebenbetriebe und Betriebsbestandteile, die mit dem Hauptbetrieb durch gemeinsame Leitung verbunden sind, gelten nur dann als selbständige Betriebe, wenn sie räumlich weit von dem Hauptbetrieb getrennt sind.

§ 5

(1) Dem Führer des Betriebes mit in der Regel mindestens zwanzig Beschäftigten treten aus der Gefolgschaft Vertrauensmänner beratend zur Seite. Sie bilden mit ihm und unter seiner Leitung den Vertrauensrat des Betriebes.

(2) Zur Gefolgschaft im Sinne der Bestimmungen über den Vertrauensrat gehören auch die Hausgewerbetreibenden, die in der Hauptsache für den gleichen Betrieb allein oder mit ihren Familienangehörigen arbeiten.

§ 6

(1) Der Vertrauensrat hat die Pflicht, das gegenseitige Vertrauen innerhalb der Betriebsgemeinschaft zu vertiefen.

(2) Der Vertrauensrat hat die Aufgabe, alle Maßnahmen zu beraten, die der Verbesserung der Arbeitsleistung, der Gestaltung und Durchführung der allgemeinen Arbeitsbedingungen, insbesondere der Betriebsordnung, der Durchführung und Verbesserung des Betriebsschutzes, der Stärkung der Verbundenheit aller Betriebsangehörigen untereinander und mit dem Betriebe und dem Wohle aller Glieder der Gemeinschaft dienen. Er hat ferner auf eine Beilegung aller Streitigkeiten innerhalb der Betriebsgemeinschaft hinzuwirken. Er ist vor der Festsetzung von Bußen aufgrund der Betriebsordnung zu hören.

Quelle: Reichsgesetzblatt 1934 I, S. 45-56

Kapitel 12

Die »Gleichschaltung« von Politik und Gesellschaft

Die gesellschaftspolitische Zielvorstellung des Regimes war die normierte gleichgeschaltete Gesellschaft unter dem Stichwort »Volksgemeinschaft«. Dieser Begriff war – wie vieles in der NS-Ideologie – keine »Erfindung« der NSDAP, sondern Teil der völkischen Ideologie schon Ende des 19. Jahrhunderts. Er kennzeichnet das Ideal einer weitgehend konfliktfreien, harmonischen Ordnung ohne Klassenschranken und Klassenkampf. »Volksgemeinschaft« wurde in der Ideologie auch dem Begriff »Gesellschaft« entgegengestellt, der soziale Widersprüche bis hin zu Klassenspaltungen und daraus resultierenden Klassenkämpfen nicht notwendigerweise ausschließt.

Das vorgeblich harmonische völkische Ideal verband sich mit der Verherrlichung einer behaupteten völkischen Gemeinschaft in den Schützengräben des Ersten Weltkrieges, d.h. einer Frontgemeinschaft, bei der es angeblich keine Unterschiede in Herkunft, Beruf, Vermögen und Bildung gegeben habe. Nicht erst seit Erich Maria Remarque: »Im Westen nichts Neues« weiß man, dass diese Idealisierung mit der Kriegswirklichkeit nichts zu tun hatte. Verbunden war diese völkische Idealvorstellung mit einer rassistisch begründeten Gemeinschaft der deutschen »Volksgenossen«.

Um eine solche Gemeinschaft zu erreichen, wurde zuerst einmal die Aufhebung des »Parteienzwists« dekretiert, indem mit dem Gesetz gegen die Neubildung von Parteien vom 14. Juli 1933 der Einparteienstaat etabliert wurde. *(Dokument 58)* Nach dem Verbot der SPD am 22. Juni 1933 hatten sich alle übrigen Parteien, die möglicherweise als Konkurrenz zur NSDAP angesehen werden konnten, bis Anfang Juli 1933 selbst aufgelöst. Die Kampfgemeinschaft Schwarz-Weiß-Rot und mit ihr die DNVP ging bruchlos in die NSDAP über, während der »Christlich-Soziale Volksdienst«, die Deutsche Volkspartei, und die beiden katholischen Parteien Zentrum und BVP ihre Organisationsarbeit offiziell beendeten. Die meisten ihrer Abgeordneten blieben im Reichstag und schlossen sich der NSDAP-Fraktion an. Nur die Mandate der Staatspartei, die über eine Listenverbindung mit der SPD erreicht wurden, wurden im Juli 1933 als erloschen erklärt.

Um jedoch eine »Volksgemeinschaft« zu schaffen, bedurfte es der durchgängigen Gleichschaltung der Gesellschaft. Und das bedeutete auch die politische Durchdringung der Zusammenschlüsse, Vereine und Verbände, die für die Alltagskultur und das Zusammenleben von viel größerer Bedeutung als die Parteien waren. Dazu gehörte insbesondere das Vereinswesen, das die gesellschaftliche Einbindung eines Großteils der Bevölkerung prägte. Dabei handelte es sich um Sportvereine, Kultur-, Gesangs- und Geselligkeitsvereine. Sie alle prägten besonders im ländlichen und kleinstädtischen Milieu die Lebenswirklichkeit eines Großteils der Menschen. Während mit der Arbeiterbewegung verbundene Vereine wie die Naturfreunde oder die Arbeiterwohlfahrt im Zuge der Maßnahmen gegen die Arbeiterparteien weitestgehend aufgelöst, verboten oder verfolgt wurden, fand damit eine Gleichschaltung auch des bürgerlichen Vereinswesens statt. Ohne dass es einer verbindlichen Richtlinie bedurft hätte, setzten viele Vereine zwei Dinge durch, die im Sinne der neuen Herrschaft waren.

Erstens führten fast alle Vereine von sich aus einen sogenannten »Arier-Paragraphen« ein, der die Mitgliedschaft von »Juden« untersagte. Damit sollten als Juden stigmatisierte Menschen auch in dieser Hinsicht aus dem gesellschaftlichen Leben ausgegrenzt werden. Zweitens veränderten viele Vereine bereits bis Sommer 1933 die Zusammensetzung ihrer Vorstände so, dass als Vorsitzender zumeist ein Mitglied der NSDAP bestimmt wurde. Diese Selbstgleichschaltung fand vor dem Hintergrund statt, dass man erhoffte, von der Auflösung konkurrierender Vereine profitieren zu können, beispielsweise durch Übernahme von Spielstätten, Mitgliedern oder anderem.

Dabei ergab sich oftmals die absurde Situation, dass Vereine sich mit der Benennung eines NSDAP-Mitglieds für den Vorstand selbst gleichschalten wollten, die örtliche NSDAP jedoch dagegen protestierte, dass dies nicht »auf Anordnung« ihrer Kreisleitung geschehen sei. Wer sich die Berichte zweier einschlägiger Sportvereine *(Dokumente 60 und 61)* anschaut, kann erkennen, dass es innerhalb des bürgerlichen Vereinswesens kaum Widerstand gegen diese gesellschaftliche Neuordnung gegeben hat.

Eine zentrale Rolle für die Gleichschaltung der Gesellschaft spielte die faschistische Jugendorganisation »Hitlerjugend« (HJ). Nachdem die Organisation anfangs nur als »Parteijugend« verstanden wurde, wurde nach der Stabilisierung der politischen Macht ab Sommer 1933 der Anspruch erhoben, die HJ als »Erziehungsinstitution« auszubauen. *(Dokument 59)* Baldur von Schirach, der im Juni 1933 zum »Jugendführer des Deutschen Reiches« ernannt worden war, forderte im Juli 1933, dass vergleichbar mit dem Vereinswesen auch alle Jugendverbände gleichzuschalten seien. Da nun die NSDAP die einzige Partei sei, dürfe es neben der HJ keine weiteren Jugendorganisationen geben. Dies bereitete aber mehr Probleme als erwartet, auch wenn die politischen Jugendorganisationen zusammen mit den jeweiligen Parteien, Gewerkschaften oder Organisationen aufgelöst worden waren.

Eine hohe Anpassungsbereitschaft bestand in den ersten Jahren bei der bündischen Jugend, bei der es sogar Versuche einer Neuorganisation als »Reichsbund Volkstum und Heimat« im Sinne faschistischer Ideologie gab, was jedoch 1934 wieder aufgegeben wurde. Insbesondere im Rheinland bewahrten sich jedoch bündische Jugendstrukturen im Gegensatz zum Totalitätsanspruch der HJ, aus denen später Widerstandszirkel entstanden.

Probleme ergaben sich auch mit der Eingliederung konfessioneller Jugendgruppen. Deren Übernahme bzw. Eingliederung in die HJ erwies sich über längere Zeit hinweg als unmöglich. Teilweise entzogen sich konfessionelle Jugendgruppen einer Eingliederung durch Selbstauflösung. Andere Strukturen blieben informell bestehen, so dass ein Zugriff durch die HJ-Leitungen ergebnislos blieb. Es dauerte fast drei Jahre, bis mit dem »Gesetz über die Hitlerjugend« Wege gefunden wurden, die jungen Generationen vollständig in die Hitlerjugend zu integrieren. In dem Gesetz wurde die Rolle der HJ als gleichberechtigte Institution zur körperlichen, geistigen und sittlichen Erziehung »im Geiste des Nationalsozialismus« neben der Schule und dem Elternhaus proklamiert.

Für die Akzeptanz der HJ spielte jedoch weniger die politische Ideologie als vielmehr der Erlebnischarakter der Gruppenangebote eine Rolle.

Für die ideologische Gleichschaltung von großer Bedeutung war das Reichskulturkammergesetz vom September 1933. *(Dokument 62)* Mit der Einrichtung eines Ministeriums für Volksaufklärung und Propaganda war bereits im Frühjahr 1933 die Beeinflussung der öffentlichen Meinung vorgegeben. Das Reichskulturkammergesetz regelte nun, dass keinerlei öffentliche kulturelle Betätigung mehr möglich war, die nicht vom Regime kontrolliert und gebilligt war. Als Zwangsorganisation für alle kulturell Tätigen wurden sechs Unterorganisationen geschaffen. In der Reichsschrifttumskammer waren alle Personen organisiert, die mit Büchern verbunden waren, so Schriftsteller, Verleger, Buchhändler und Bibliothekare. In der Reichspressekammer alle Journalistinnen und Journalisten, in der Reichsrundfunkkammer alle Mitarbeitenden in den Rundfunkanstalten, in der Reichstheaterkammer alle Schauspielerinnen und Schauspieler, aber auch weitere Mitarbeiter im Theater, in der Reichsmusikkammer alle Musikerinnen und Musiker sowie Orchester und in der Reichskammer der bildenden Künste Maler, Bildhauer und alle weiteren bildenden Künstler.

Entscheidend war, dass nur derjenige, der Mitglied in der Reichskulturkammer und einer ihrer Unterorganisationen war, eine berufliche Anstellung in den einschlägigen Bereichen erhalten konnte. Mitglied wurde jedoch nur derjenige, der sich zur faschistischen »Volksgemeinschaft« bekannte und seine »arische Herkunft« nachweisen konnte. Mit diesem Instrument waren die »Volksfeinde«, wie man politische Gegner und rassistisch Ausgegrenzte bezeichnete, auch von einer beruflichen Tätigkeit im Kultursektor ausgeschlossen. Damit wurde – ohne formelle Entlassungen – eine Säuberung des öffentlichen Kulturbetriebs durchgesetzt.

Wie weit die gesellschaftliche Gleichschaltung bis hinein in die intellektuelle Elite gelungen war, zeigt das öffentliche Bekenntnis der Professoren an den deutschen Universitäten und Hochschulen zu Adolf Hitler und dem nationalsozialistischen Staat, das im November 1933 auf einer Veranstaltung in Leipzig vorgetragen wurde. *(Dokument 63)* Unter dem Titel »Ein Ruf an die Gebildeten der Welt«, forderten etwa 900 Hochschullehrer und Wissenschaftler, das war ein Großteil der an den deutschen Universitäten beschäftigten Professoren, von den professoralen Kollegen im Ausland, »dem Ringen des durch Adolf Hitler geeinten deutschen Volkes um Freiheit, Ehre, Recht und Frieden ... Verständnis entgegenzubringen«. Zwar war diese Erklärung keine Unterwerfungserklärung gegenüber der NSDAP, aber jeder, der dieses Bekenntnis unterzeichnete, war sich bewusst, dass der NS-Staat seit April 1933 mit dem Gesetz zur Wiederherstellung des Berufsbeamtentums unliebsame Professoren und Mitarbeiter im akademischen Mittelbau entlassen hatte und dass die »Freiheit von Forschung und Lehre« an den deutschen Hochschulen durch die Bücherverbrennungen empfindlich eingeschränkt worden war. Wer sich also in dieser Situation auf die Seite des NS-Regimes stellte, der ordnete sich bewusst ein in die Ziele und Vorstellungen der faschistischen »Volksgemeinschaftsideologie«.

***

Dokument 58

Gesetz gegen die Neubildung von Parteien

14. Juli 1933

Die Reichsregierung hat das folgende Gesetz beschlossen, das hiermit verkündet wird:

§ 1

In Deutschland besteht als einzige politische Partei die Nationalsozialistische Deutsche Arbeiterpartei.

§ 2

Wer es unternimmt, den organisatorischen Zusammenhalt einer anderen politischen Partei aufrechtzuerhalten oder eine neue politische Partei zu bilden, wird, sofern nicht die Tat nach anderen Vorschriften mit einer höheren Strafe bedroht ist, mit Zuchthaus bis zu drei Jahren oder mit Gefängnis von sechs Monaten bis zu drei Jahren bestraft.

Quelle: Reichsgesetzblatt 1933 I, S. 479

Dokument 59

Gesetz über die Hitlerjugend

Die HJ als »Erziehungsinstitution«

Baldur von Schirach, der als Führer der »Hitlerjugend« eingesetzt war, die anfangs noch in den Rahmen der SA eingebunden war, besetzte am 5. April 1933 die Geschäftsstelle des »Reichsausschusses der deutschen Jugendverbände«, dem ein Großteil der Jugendorganisationen der Weimarer Republik angehörte, darunter der Reichsverband der evangelischen Jungmännerbünde und der Katholische Jungmännerverband und die Wehrverbands-Jugend. Bis 1933 war die HJ nicht Mitglied des Reichsausschusses. Nun übernahm sie die Kontrolle.

Am 7. Juni 1933 führte Schirach einen sogenannten »Staatsjugendtag« ein (zumeist am Samstag), an dem von da an HJ-Mitglieder vom

Schulunterricht befreit waren. Damit sollte auch der gesellschaftliche Druck erhöht werden, Jugendliche zum Eintritt in die HJ zu motivieren.

Am 17. Juni 1933 ließ sich Schirach zum »Jugendführer des Deutschen Reiches« ernennen. Seine erste Forderung war die Gleichschaltung aller Jugendverbände: »Wie die NSDAP nunmehr die einzige Partei ist, so muss die HJ die einzige Jugendorganisation sein.«

Nachdem die mit Parteien verbundenen Jugendorganisationen bei der Auflösung bzw. Selbstauflösung der Parteien ebenfalls geschlossen wurden, wurde mit dieser Anordnung die Eingliederung aller nicht parteibezogenen Jugendverbände in die HJ durch Verbote, Auflösungen sowie Übernahmen durchgesetzt. Der Eingliederung der evangelischen Jugend in die HJ kamen einige deren Gliederungen durch Selbstauflösung zuvor.

Das Amt des Reichsjugendführers wurde zu einer »Obersten Reichsbehörde«, in der staatliche Jugendpolitik und HJ-Leitung vereint waren.

(Ulrich Schneider)

Am 1. Dezember 1936 wurde das **Gesetz über die Hitlerjugend** erlassen:
»Von der Jugend hängt die Zukunft des deutschen Volkes ab. Die gesamte deutsche Jugend muss deshalb auf ihre künftigen Pflichten vorbereitet werden. Die Reichsregierung hat daher das folgende Gesetz beschlossen, das hiermit verkündet wird.

§ 1

Die gesamte deutsche Jugend innerhalb des Reichsgebietes ist in der Hitlerjugend zusammengefasst.

§ 2

Die gesamte deutsche Jugend ist außer in Elternhaus und Schule in der Hitlerjugend körperlich, geistig und sittlich im Geiste des Nationalsozialismus zum Dienst am Volk und zur Volksgemeinschaft zu erziehen.«

Quelle: Reichsgesetzblatt 1936, S. 993

Dokument 60

Gleichschaltung der Turn- und Sportvereine

Wie rigoros die Nationalsozialisten ihre Machtposition bereits Anfang 1933 zu stärken versuchten, geht aus dem Protokoll der Vorstandssitzung vom 15. Mai 1933 hervor: Punkt 1 der Tagesordnung war die »Gleichschaltung.« Im Zuge dieser »Maßnahmen« wurde in dieser Vorstandssitzung Joh. Nik. Michel zum Vereinsführer bestimmt.

Formell wurde die Gleichschaltung dann in der darauffolgenden Mitgliederversammlung vom 21. Mai vollzogen: »Nach Eröffnung durch den Vereinsführer, Joh. Nik. Michel, ergriff der 1. Kassenwart, Turnfreund Lehrer Bolz, das Wort und legte in einer längeren Ausführung den Sinn und Zweck der Gleichschaltung dar. Am Schlusse seiner Ausführungen forderte er die Mitglieder auf, durch Erheben von den Plätzen die vom Vorstand erfolgte Wahl des Vereinsführers Joh. Nik. Michel zu bestätigen.« Der Vereinsführer ernannte in dieser Versammlung sodann seine Fachwarte »und diese wieder ihre Mitarbeiter, welche sich in ihrer Gesamtheit aus dem seitherigen Vorstand zusammensetzen, so dass eine Veränderung im Vorstand nicht eingetreten ist.«

...

Auch der Schluss der Versammlung hat sich gegenüber der Generalversammlung vom März geändert, wie das folgende Zitat aus dem Protokoll belegt: »Nach Absingen des Turnerliedes, des Deutschlandliedes sowie des Horst-Wessel-Liedes fand die Versammlung ihr Ende.«

...

Die Gleichschaltung betraf alle Vereine des Deutschen Reiches. Die Maßnahmen mussten bis zum 1. Juni 1933 abgeschlossen sein. Von den insgesamt 17 Punkten, die durchzuführen waren, seien einige besonders einschneidende herausgestellt. Erstens, die vollkommene Arisierung der Vereine! Alle Juden wurden ohne Begründung aus den Vereinen ausgeschlossen. Punkt 13 der Anordnung sagt dies noch deutlicher: Deutsch-arische Reinheit wird bis in die dritte Generation verlangt. Ausgeschlossen wurden ebenso Personen, die mit Juden verwandt waren (»jüdisch versippte«). Die Anordnungen von Punkt 14 und 16 liegen – wenn auch politisch motiviert – auf der gleichen Linie: »Aktive Marxisten sind sofort auszuschließen« und »politisch untragbare Turner werden ihrer Ämter enthoben.«

...

Die dritte einschneidende Maßnahme war die Umstellung der Vereine auf das Führerprinzip. Welche Voraussetzungen ein Vereinsführer haben musste, geht aus den beiden folgenden Zitaten recht drastisch hervor: »Als Führer kommen nur Turner in Frage, die ... nationalsozialistisch denken und handeln« und ... »die Führereigenschaften besitzen, d.h., sich durchsetzen können, wenn es nötig ist, rücksichtslos« (Punkt 4).

Quelle: Festschrift »100 Jahre Turn- und Sportgemeinschaft 1888 Nieder-Erlenbach«, https://www.tsg1888.de/der-turn-und-sportverein-von-1933-1945.html

Dokument 61

Werder Bremen im Nationalsozialismus

Der Sport-Verein »Werder« hatte bis 1933 in seiner Satzung festgehalten, dass seine Mitglieder politisch nicht tätig sein durften. Dies sollte sich nun aber ändern. Schnellstmöglich machten sich die Grün-Weißen daran, den Verein nach nationalsozialistischem Vorbild umzubauen. Bereits ab dem 14. Mai 1933 wurde der »1. Vorsitzende« Bernhard Stake nun als »Vereinsführer« bezeichnet. Das Protokoll der entsprechenden Generalversammlung endet mit: »Die Versammlung schloss mit einem mit großer Begeisterung aufgenommenen dreifachen ›Sieg Heil‹ auf unseren Volkskanzler Adolf Hitler und unser deutsches Vaterland.« Im Oktober 1933 wurde auf einer außerordentlichen Mitgliederversammlung (MV) die

Vereinsstruktur radikal angepasst. Der »Vereinsführer« musste nun zwar weiterhin von der MV gewählt werden, von da an konnte er aber frei seinen Mitarbeiterkreis bestimmen. Die Zustimmung der Hauptversammlung war nun nicht mehr nötig. Willy Stöver, der dieses Amt nun innehatte, kündigte an, seine neuen Rechte »gegebenenfalls rücksichtlos gebrauchen« zu wollen und »Querulanten und Stänker« mit »eiserner Energie … für immer verschwinden zu lassen.« Bereits im April 1933 hatte sich Stöver in den Vereinsnachrichten begeistert von der nationalsozialistischen Idee gezeigt. Der SV »Werder« hätte »seit seiner Gründung stets den nationalen Gedanken vertreten und nicht erst nach der Umwälzung sein nationales Herz entdeckt.« …

Die Umstellung auf das »Führerprinzip« veranlassten die Mitglieder des Vereins schon lange bevor sie dazu verpflichtet wurden. Die Nähe des Vereins zur nationalsozialistischen Ideologie wird auch an der Position des »Dietwarts«, den der SV »Werder« bereits im August 1936 einführte, deutlich, obwohl die Nationalsozialisten ihn erst ein gutes Jahr später vorschrieben. … Hans Korengel sagte in den Vereinsnachrichten, er wolle als »Dietwart« erreichen, dass alle Vereinsmitglieder »deutsch denken, deutsch fühlen und deutsch handeln«. Er selbst sah sich als das »völkische und nationalsozialistische Gewissen« des Sport-Vereins. Regelmäßig wurden nun »Kameradschafts- und Dietabende« veranstaltet, zu denen verschiedene Referenten eingeladen wurden, die den Mitgliedern die nationalsozialistische Ideologie näherbringen sollten. …

Generell wurden mit den Vereinsaktivitäten nun nicht mehr rein sportliche Ziele verfolgt. Der Wehrsportgedanke rückte seit 1933 ebenfalls stark in den Vordergrund. Ein Gedanke, den laut Stöver der SV »Werder« gar als allererstes offen aufgenommen hatte. Es ging nun nicht mehr um die reine sportliche Betätigung, sondern um eine Form der militärischen Vorausbildung. Der erste »Vereinsführer« Bernhard Stake kündigte bereits im Mai 1933 an, die jungen männlichen Personen im Verein zu »wehrtüchtigen deutschen Männern« formen zu wollen. Seit Oktober des gleichen Jahres wurde auch der »Volkssport« für Erwachsene beim SV »Werder« wieder angeboten, der auf lange Sicht den gleichen Zweck erfüllen sollte.

Quelle: https://www.werder.de/der-svw/historie/chronik/1933-1945/, Abrufdatum: 31.8.2022

Dokument 62

Reichskulturkammergesetz

22. September 1933

Die Reichsregierung hat das folgende Gesetz beschlossen, das hiermit verkündet wird:

§ 1

Der Reichsminister für Volksaufklärung und Propaganda wird beauftragt und ermächtigt, die Angehörigen der Tätigkeitszweige, die seinen Aufgabenkreis betreffen, in Körperschaften des öffentlichen Rechts zusammenzufassen.

§ 2

Gemäß § 1 werden errichtet:

1. eine Reichsschrifttumskammer,
2. eine Reichspressekammer,
3. eine Reichsrundfunkkammer,
4. eine Reichstheaterkammer,
5. eine Reichsmusikkammer,
6. eine Reichskammer der bildenden Künste.

...

§ 5

Die im § 2 bezeichneten Körperschaften werden gemeinsam mit der vorläufigen Filmkammer, die den Namen Reichsfilmkammer erhält, zu einer Reichskulturkammer vereinigt. Die Reichskulturkammer steht unter der Aufsicht des Reichsministers für Volksaufklärung und Propaganda. Sie hat ihren Sitz in Berlin.

...

§ 7

Der Reichsminister für Volksaufklärung und Propaganda wird ermächtigt, zur Durchführung dieses Gesetzes Rechtsverordnungen und allgemeine Verwaltungsvorschriften, auch ergänzender Art, zu erlassen. Die Rechtsverordnungen und allgemeinen Verwaltungsvorschriften, durch die finanzielle oder gewerbliche Belange des Reiches berührt werden, bedürfen der Zustimmung des Reichsfinanzministers beziehungsweise des Reichswirtschaftsministers.

Quelle: Reichsgesetzblatt I 1933, S. 661

Dokument 63

Bekenntnis der Professoren an den deutschen Universitäten und Hochschulen zu Adolf Hitler und dem nationalsozialistischen Staat

11. November 1933

Ein Ruf an die Gebildeten der Welt

Alle Wissenschaft ist unmittelbar verbunden mit der geistigen Art des Volkes, aus dem sie erwächst. Voraussetzung erfolgreicher Arbeit ist daher die geistige Entwicklungsmöglichkeit und kulturelle Freiheit der Völker. Erst durch das Zusammenwirken der volksgebundenen Wissenschaftspflege der einzelnen Völker entsteht die volksverbindende Macht der Wissenschaft.

Unbeschränkte geistige Entwicklung und kulturelle Freiheit der Völker können nur gedeihen auf der Grundlage gleichen Rechts, gleicher Ehre, gleicher politischer Freiheit, also in der Atmosphäre eines wirklichen allgemeinen Friedens.

Aus dieser Überzeugung richtet die deutsche Wissenschaft an die Gebildeten der ganzen Welt den Appell, dem Ringen des durch

Adolf Hitler geeinten deutschen Volkes um Freiheit, Ehre, Recht und Frieden das gleiche Verständnis entgegenzubringen, welches sie für ihr eigenes Volk erwarten.

Dieses »Bekenntnis« wurde am 11. November 1933 zur Feier der »nationalsozialistischen Revolution« auf einer Festveranstaltung in der Alberthalle in Leipzig als Gelöbnis deutscher Gelehrter vorgetragen. Insgesamt unterschrieben ca. 900 Hochschullehrer und Wissenschaftler.

Quelle: Bekenntnis der Professoren an den deutschen Universitäten und Hochschulen zu Adolf Hitler und dem nationalsozialistischen Staat. Überreicht vom Nationalsozialistischen Lehrerbund Deutschland / Sachsen, 1933

Kapitel 13

Erste Vorbereitungen auf den Krieg

Schon in der Weimarer Zeit hatten die Nazigegner davor gewarnt: »Wer Hitler wählt, wählt Krieg!« und meinten damit nicht nur einen Bürgerkrieg im Inneren, sondern auch einen Revanche- und Expansionskrieg nach außen, da nur auf diese Weise die vielfach versprochene Revision des Versailler Vertrages zu erreichen sei. Über diese Zielsetzung hatte die NSDAP weder in der Öffentlichkeit, noch in den internen Kontakten irgendjemanden im Unklaren gelassen.

Zwar war eine militärische Revision unter den Restriktionen des Versailler Vertrages (100.000 Mann Heer, keine Luftwaffe, eine Marine nur zum Küstenschutz, ein entmilitarisiertes Rheinland u. a.) faktisch noch nicht möglich, aber Hitler und die NSDAP hatten ja versprochen, »Deutschland aus den Klammern des Versailler Diktates«, wie propagandistisch formuliert wurde, zu »befreien«.

Dabei deckte sich diese Zielsetzung mit der Langzeitplanung des nach dem Ersten Weltkrieg verkleinerten Militärs und seines unter der Tarnbezeichnung »Truppenamt« trotz Verbots durch den Versailler Vertrag fortbestehenden Generalstabs, die trotz aller vertraglichen Bindungen, die die Regierungen der Weimarer Republik unterzeichnet hatten, bereits in den 1920er Jahren mit einer strategischen Aufrüstungsplanung begannen. Während in den ersten Weimarer Jahren noch eine »Interalliierte Militärkommission« darüber wachte, dass die Vorgaben des Vertrages eingehalten wurden, beauftragte bereits der Chef der Heeresleitung der Reichswehr, Hans von Seeckt, – hinter dem Rücken der Reichsregierung und des Reichstags – Mitte der 1920er Jahre eine interne Kommission mit einer strategischen Generalplanung. Erst vor einigen Jahrzehnten wurden im Militärarchiv Freiburg die umfangreichen Unterlagen der Vorplanung über die »Gesamtstärken und -ausrüstung der Kommandobehörden und Truppeneinheiten des Feldheeres« gefunden und ausgewertet. *(Dokument 64)*

Aus diesen Dokumenten geht hervor, dass die Reichswehrführung in jeder Hinsicht zu einem neuen Krieg bereit war und eigentlich nur auf eine politische Konstellation wartete, unter der diese Planung realisiert werden konnte. Und so war das erste Treffen, das Adolf Hitler als Reichskanzler am 3. Februar 1933 mit der militärischen Führung der Reichswehr hatte, aus deren Sicht vor allem eine Bestätigung, dass mit der Hitler-Hugenberg-Papen-Regierung der »Kampf gegen Versailles« auf die Tagesordnung gesetzt würde. Dass Hitler der Generalität gleichzeitig versprach, dass der Kampf im Inneren nicht ihre Sache, sondern die der Nazi-Organisationen sei, deckte sich dabei mit dem politischen Selbstverständnis der Reichswehrführung.

Da der Aufbau einer entsprechenden Infrastruktur (Wehrpflicht, ausgebildete Soldaten, Kasernen und andere Einrichtungen) sowie der notwendigen militärischen Machtmittel (Waffenproduktion, Panzer- und Fahrzeugbau, Flugzeugbau, Marineaufrüstung) mehrere Jahre dauern würde und auch von den Nachbarländern nicht unbemerkt bleiben konnte, bedurfte es politischer und organisatorischer Vorbereitungsschritte, die aber in aller Deutlichkeit dem einen Ziel dienten, das Deutsche Reich kriegsfähig zu machen.

Die ersten Schritte wurden seitens der Reichsregierung bereits bei der sogenannten »Genfer Abrüstungskonferenz« im Frühjahr 1933 unternommen. Trotz des wohlklingenden Namens wurde auf dieser Konferenz nicht über Abrüstung verhandelt, sondern insbesondere über Obergrenzen der in jedem Land zulässigen Rüstungsanstrengungen. In diese Verhandlungen ging der deutsche Reichswehrminister von Blomberg mit der Forderung nach »Gleichberechtigung Deutschlands« hinein. Faktisch bedeutete diese Forderung, eine Zustimmung der Völkerbundstaaten, also der Signatarstaaten des Versailler Vertrages, zur deutschen Aufrüstung unter Bruch der Versailler Auflagen zu verlangen. Während die britische Regierung bereit war, Deutschland gegenüber Zugeständnisse bei der Bewaffnung des Heeres zu machen, blockierten Frankreich und Polen aus gutem Grund solche Festlegungen.

Über diese Ablehnung der »Gleichberechtigung Deutschlands« wurde – angeleitet durch die Pressevorgaben aus dem Propagandaministerium – ausführlich in allen deutschen Medien berichtet. Und es war bezeichnenderweise auch Propagandaminister Goebbels, der am 14. Oktober 1933 den Beschluss der Reichsregierung verkündete, die Genfer Abrüstungskonferenz und den Völkerbund zu verlassen. Das formelle Schreiben der Reichsregierung folgte fünf Tage später. Die Reaktion der Öffentlichkeit war ambivalent. Nazigegner im Exil verurteilten diesen Schritt als direkte Kriegsvorbereitung und selbst einzelne bürgerliche Vertreter im Deutschen Reich formulierten die Sorge, dass er möglicherweise zur Blockade Deutschlands und vielleicht zum Krieg führen könne. Andere Persönlichkeiten in Deutschland, z. B. der Schriftsteller Gerhart Hauptmann, glaubten, die NS-Regierung unterstützen zu müssen.

Im Sinne einer ideologischen Vorbereitung der »Volksgemeinschaft« auf den Krieg ließ sich das NS-Regime diese außenpolitische Entscheidung mit einem Plebiszit, das im Rahmen einer formellen Reichstagswahl am 12. November 1933 abgehalten wurde, bestätigen. Im veröffentlichten Ergebnis wurde verkündet, dass über 95 % der Deutschen mit »Ja« gestimmt hätten. Vor diesem Hintergrund galten auch alle weiteren Schritte der Kriegsvorbereitung, die in den folgenden Monaten eingeleitet wurden, als von der »Volksgemeinschaft bestätigt«.

Schon im Februar 1933 hatte Hitler der Reichswehrführung diese Schritte vorgestellt. »Einstellung der Jugend und des ganzen Volkes auf den Gedanken, dass nur der Kampf uns retten kann und diesem Gedanken gegenüber alles zurückzutreten hat. … Ertüchtigung der Jugend und Stärkung des Wehrwillens mit allen Mitteln.«

Dieser »Ertüchtigung und Stärkung des Wehrwillens« diente die Neuordnung des Freiwilligen Arbeitsdienstes (FAD). Im Laufe des Jahres 1933 wurde dieser so umstrukturiert, dass er im Februar 1934 offiziell bereits als »NS-Arbeitsdienst« firmierte. *(Dokument 65)* Dass mit der verstärkten Einbindung insbesondere junger Männer auch ein Effekt zur Senkung der Arbeitslosenstatistik erzielt wurde, wurde von der NS-Propaganda besonders hervorgehoben. Die eigentliche Zielstellung des Arbeitsdienstes, der im Juni 1935 per Gesetz in einen Pflichtdienst umgestellt und in Reichsarbeitsdienst (RAD) umbenannt wurde, formulierte Reichsinnenminister Frick in aller Klarheit jedoch als körperliche und wehrpolitische Ertüchtigung der deutschen Jugend. Und so war es nur konsequent, dass der Reichskommissar für den Freiwilligen Arbeitsdienst, Konstantin Hierl, bereits im März 1935, unmittelbar nach der Einführung der allgemeinen Wehrpflicht, auch ein Gesetz zur allgemeinen Arbeitsdienstpflicht einbrachte.

Wie systematisch die Vorbereitung auf den Krieg von Anfang an in der Politik des Regimes angelegt war, zeigten auch die Haushaltsplanung und Industriepolitik. Zwar lag der Rüstungshaushalt für das Jahr 1933 noch entsprechend der Planung für das Jahr 1932 bei nur 4 % der gesamten Reichsetats, aber bereits für das Jahr 1934 wurden 18 % beschlossen. Auch die Rüstungsbetriebe selber begannen schon im Jahre 1933 ihre Produktion auf die neue Zielplanung umzustellen. *(Dokument 66)* Die Firma Henschel in Kassel z. B. hatte bereits – in Abstimmung mit der Reichswehrführung – in der Weimarer Zeit an Prototypen von gepanzerten Fahrzeugen gearbeitet, die nun in Serienreife gingen. Die Produktion schwerer LKW für die 1935 in Wehrmacht umbenannte Reichswehr wurde von 1933 bis 1934 mehr als verfünffacht. Ende 1933 begann bei Henschel & Sohn in Kassel und bei Krupp-Grusen in Magdeburg die Vorserienproduktion des »Panzerkampfwagens I«. Und im Februar 1934 schrieb das Amt für Technik und Beschaffung des Reichsluftfahrtministeriums Pläne für die Entwicklung eines Sturzkampfflugzeugs aus. Die Ausschreibung ging an die Firmen Hamburger Flugzeugbau GmbH, Fieseler Flugzeugwerke GmbH und Henschel Flugzeugwerke GmbH. Mit diesen und weiteren Maßnahmen wurden die industriellen Kapazitäten zur Kriegsvorbereitung bereits verstärkt ausgeschöpft, bevor mit dem Vierjahresplan von 1936 die politische Vorgabe ausgegeben wurde, innerhalb der nächsten vier Jahre die Wehrmacht einsatzfähig und die Industrie kriegstauglich zu machen.

Das öffentliche Signal dieser Politik der Kriegsvorbereitung bildete die Proklamation der Einführung der allgemeinen Wehrpflicht vom 16. März 1935. *(Dokument 67)* Damit war für die deutsche und die internationale Öffentlichkeit unübersehbar, dass sich das NS-Regime nicht mehr an die Beschränkungen des Versailler Vertrages zu halten gedachte. Man glaubte sich für diesen Schritt stark genug, waren doch in den ersten zwei Jahren der neuen Regierung ernsthafte Reaktionen der Garantiemächte von Versailles ausgeblieben. Außerdem wurden in der Folgezeit alle Verstöße gegen den Vertrag faktisch toleriert und mit dem deutsch-britischen Flottenabkommen vom Juni 1935 sogar noch vertraglich sanktioniert. Daher sah das NS-Regime vier Jahre nach der Machtübertragung, am 30. Januar 1937, nun den Zeitpunkt gekommen, durch eine einseitige Erklärung des Deutschen Reiches die Gültigkeit des Versailler Vertrags aufzuheben. Das war jedoch nur noch ein symbolischer Akt für die Öffentlichkeit – die eigentliche Kriegsplanung war bereits weit vorangeschritten.

***

Dokument 64

Kriegsplanung der Reichswehr in den 1920er Jahren

Von Michael Berger

Die Wiederentdeckung des von General Hans von Seeckt, Chef der Heeresleitung der Reichswehr, im Jahre 1923 initiierten Dreistufenplanes für den Aufbau eines 102 Divisionen starken Heeres entlarvte die Führung der Reichswehr als eine Clique von Revanchisten, die hinter dem Rücken von Regierung und Parlament die systematische Aufrüstung der Reichswehr vorantrieb. Ziel der Reichswehrführung war es, Deutschland auf einen Angriffskrieg vorzubereiten. Die »Schande« des »Versailler Diktats« sollte ausgelöscht, verlorenes Gebiet zurückerobert und die Großmachtstellung von 1914 wiedereingenommen werden. Die 1997 im Militärarchiv in Freiburg aufgefundenen Dokumente mit dem Titel »WH 808 – Übersicht der Gesamtstärken und -ausrüstung der Kommandobehörden und Truppeneinheiten des Feldheeres«, insgesamt vier Hefte mit einigen hundert Seiten, brachten eines der am besten gehüteten Geheimnisse der deutschen Militärgeschichte ans Tageslicht. …

Der Planungsstab der Reichswehr orientierte sich an ehrgeizigen Zielen: ein Heer mit 2,8 bis drei Millionen Soldaten in 102 Divisionen, aufgeteilt in 39 Grenzschutzdivisionen und 63 Felddivisionen. Das Verblüffende an diesem geheimen Rüstungsplan war, dass das deutsche Heer am 1. September 1939 genau diese »Kriegsstärke« erreicht hatte – bis in die Details stimmten Größe, Ausstattung und Aufgliederung der Wehrmacht Ende 1939 mit dem von 1923 bis 1925 erarbeiteten Generalplan überein. Die Reichswehr hatte 42 Generale, für das Große Heer waren 252 vorgesehen. Genauso viele Etatstellen für Generale wies auch das Feldheer 1939 auf.

Acht Armeen hatte man 1925 projektiert – so viel wie zu Beginn des Ersten Weltkrieges – und tatsächlich standen 1939 acht vollwertige Armeen bereit. Der Entwurf für diese Streitmacht wurde Mitte der zwanziger Jahre von sechs Majoren und zehn Hauptleuten erarbeitet. … Planung und Durchführung der Aufrüstung fanden unter Umgehung der Bestimmungen des Friedensvertrages von Versailles hinter dem Rücken des Parlamentes statt. Mit dem Abzug der Interalliierten Militärkommission (IMKK) im Februar 1927 konnten Reichswehrministerium und militärische Führung fortab frei von internationaler Kontrolle agieren. Geheime Projekte konnten nun offiziell und selbstbewusst realisiert werden.

Quelle: Michael Berger, Das Making of der Wehrmacht, Jungle World 2009/36, Rezension zu Carl Dirks, Karl-Heinz Janßen, Der Krieg der Generäle, Hitler als Werkzeug der Wehrmacht, Berlin 1999

Dokument 65

Reichsarbeitsdienst als militärische Vorbereitung

Von Ulrich Schneider

Schon 1931 entstand in der Ära Brüning zur Bewältigung der Arbeitslosigkeit unter jungen Menschen ein »Freiwilliger Arbeitsdienst« (FAD), zuerst als Verein organisiert, seit Ende 1931 der Reichsanstalt für Arbeit zugeordnet.

Unmittelbar nach der Machteinsetzung proklamierte Hitler eine allgemeine Arbeitsdienstpflicht für junge Menschen. Sein Beauftragter Konstantin Hierl legte am 1. März 1933 ein Konzept vor, das den staatlich geförderten FAD in einen »staatlichen Arbeitsdienst auf freiwilliger Grundlage« umgestalten sollte. Im Zuge der Gleichschaltung wurden nicht nur die bestehenden FAD-Lager, sondern auch die Organisationsstrukturen der Kontrolle der NSDAP unterworfen. Die regionalen Vorsitzenden waren in Personalunion Leiter staatlicher Dienststellen. Hierl selber wurde Staatssekretär beim Reichskommissar für FAD. Im Februar 1934 erhielt der Verein den neuen Namen »NS-Arbeitsdienst«, später »Reichsarbeitsdienst« (RAD).

Als Aufgabenstellung hatte Hierls behauptet, es ginge darum, »in mangelhaftem Kulturzustand befindliche Äcker und Wiesen durch Bodenverbesserung ertragreicher zu gestalten, sie vor der Vernichtung ihres Ernteertrages durch Überschwemmungen zu schützen, grundlose Landwege wieder in Stand zu setzen, sowie schließlich durch Aufschluss von Moor- und Ödland neues Bauernland zu schaffen«. Eine »Arbeitsdienstheer« von 500.000 Mann sollte so die Nahrungsgrundlage für ein Viertelmillion Menschen schaffen.

Faktisch war es jedoch so, dass die Arbeiten des Arbeitsdienstes keinen wirtschaftlichen Nutzen hatte. Reichsinnenminister Frick wollte den Arbeitsdienst direkt der SA untergliedern, weil das Ziel beider Organisationen doch die körperliche und wehrpolitische Ertüchtigung der deutschen Jugend sei.

Seit April 1934 wurde der Zwang zum Eintritt in den Arbeitsdienst deutlich erhöht. So war eine Voraussetzung zur Aufnahme eines Studiums die Ableistung eines Arbeitsdienst-»Pflichtjahres«.

Wolfgang Benz betont, dass als Instrument der staatlich geregelten »Erziehung des jungen Deutschen zur Volksgemeinschaft« die allgemeine Arbeitsdienstpflicht das Verbindungsglied zwischen Schulpflicht und Wehrpflicht bilden sollte. Hierls war der Überzeugung, dass der Arbeitsdienst nicht nur der Erziehung zur »richtigen Arbeitsauffassung« diene, sondern auch zur Schaffung einer »Volksgemeinschaft« beitrüge, indem »Klassengegensätze« aufgehoben würden. Es ging also um vormilitärische Erziehung und ideologische Normierung im Sinne der »Volksgemeinschaftsideologie«.

Den Schlusspunkt setzte das am 26. Juni 1935 erlassene Gesetz für den Reichsarbeitsdienst. Von nun an hatten alle männlichen Jugendlichen nach dem vollendeten 18. Lebensjahr bis spätestens zur Vollendung des 25. ihrer Arbeitsdienstpflicht nachzukommen. Damit wurden sie vor Eintritt in die Armee bereits einer paramilitärischen Ausbildung unterworfen.

Für die weibliche Jugend gab es im Gesetz noch keine Festlegungen. Erst 1938 wurde für alle Frauen unter 25 Jahren ein »Pflichtjahr« in Land- und Hauswirtschaft eingeführt. Mädchen und Frauen sollten so auf ihre in der NS-Ideologie zugewiesene Rolle als Hausfrau und Mutter vorbereitet werden.

Dokument 66

Deutsche Aufrüstungspolitik

Von Luis Liendo Espinoza

Deutschland hatte im Rahmen der Rüstungsgleichheit systematisch eine Bestimmung des Versailler Vertrags nach der anderen einseitig außer Kraft gesetzt und damit einen völkerrechtlich bindenden Vertrag gebrochen. Nach Art. 160 durfte das deutsche Heer nicht mehr als 100.000 Soldaten umfassen, Art. 198 untersagte jegliche Luftstreitkraft. Im Herbst 1934 hatte das Heer bereits eine Stärke von 250.000 Mann erreicht. Ende desselben Jahres verfügte Deutschland bereits über eine Luftwaffe mit 270 Bomben-, 99 Jagd- und 303 Aufklärungsflugzeugen. Der Rüstungsetat wurde von Jahr zu Jahr erhöht und stieg von 4% des öffentlichen Haushalts im Jahr 1933 auf 18% (1934) und schließlich 39% im Jahr 1936. Gleichzeitig forderte Deutschland die Einhaltung jener Bestimmungen des Versailler Vertrags, die seinen Interessen entsprachen. Art. 49 schrieb für das Saargebiet, welches bis dahin unter der Verwaltung des Völkerbundes stand, 15 Jahre nach dem Inkrafttreten des Vertrags eine Abstimmung unter den Saarländern vor, wobei diese über den endgültigen Status dieser Region entscheiden sollten. Anstatt diese Bestimmung mit Hinweis auf den deutschen Vertragsbruch vorläufig auszusetzen, um den Druck auf die deutsche Regierung zu erhöhen, hielt sich Frankreich bedingungslos an den Vertrag und bewilligte die Abstimmung für den 13. Januar 1935. Die Saar-Abstimmung wurde zum nächsten Erfolg der nationalsozialistischen Regierung. Bei einer Wahlbeteiligung von 98% votierten 90,8% für den Anschluss an das NS-Regime. Am 1. März wurde das Saargebiet wieder Teil des Deutschen Reiches. …

Hitler zögerte nicht lange; am 9. März 1935 wurde die deutsche Luftrüstung öffentlich bekannt gegeben und am 16. März wurde entgegen Art. 173 des Versailler Vertrags die allgemeine Wehrpflicht eingeführt. Ein am selben Tag beschlossenes Reichsgesetz legte noch einmal eine Erhöhung des Heereskontingents fest.

Quelle: Luis Liendo Espinoza, Europäisches Appeasement und deutsche Aufrüstung 1933–1936, https://www.zukunft-braucht-erinnerung.de/europaeisches-appeasement-und-deutsche-aufruestung-1933-1936

Dokument 67

Proklamation der Reichsregierung an das deutsche Volk bezüglich der Einführung der allgemeinen Wehrpflicht

16. März 1935

An das deutsche Volk!

Inmitten dieser hochgerüsteten und sich immer mehr der modernsten motorisierten Kräfte bedienenden Kriegsstaaten war Deutschland ein machtmäßig leerer Raum, jeder Drohung und jeder Bedrohung jedes einzelnen wehrlos ausgeliefert. Das deutsche Volk erinnert sich des Unglücks und Leides von fünfzehn Jahren wirtschaftlicher Verelendung, politischer und moralischer Demütigung. Es war daher verständlich, wenn Deutschland laut auf die Einlösung des Versprechens auf Abrüstung der anderen Staaten zu drängen begann.

... sah sich die neue deutsche Reichsregierung als Wahrerin der Ehre und der Lebensrechte des deutschen Volkes außerstande, noch weiterhin an solchen Konferenzen teilzunehmen oder dem Völkerbunde anzugehören. ...

Die deutsche Regierung empfindet es unter diesen Umständen als eine Unmöglichkeit, die für die Sicherheit des Reiches notwendigen Maßnahmen noch länger auszusetzen oder gar vor der Kenntnis der Mitwelt zu verbergen. ...

In dieser Stunde erneuert die deutsche Regierung vor dem deutschen Volk und vor der ganzen Welt die Versicherung ihrer Entschlossenheit, über die Wahrung der deutschen Ehre und der Freiheit des Reiches nie hinausgehen und insbesondere in der nationalen deutschen Rüstung kein Instrument kriegerischen Angriffs als vielmehr ausschließlich der Verteidigung und damit der Erhaltung des Friedens bilden zu wollen. ...

In diesem Sinne hat die deutsche Reichsregierung mit dem heutigen Tage das folgende Gesetz beschlossen:

Gesetz für den Aufbau der Wehrmacht
16. März 1935

Die Reichsregierung hat folgendes Gesetz beschlossen, das hiermit verkündet wird:

§ 1

Der Dienst in der Wehrmacht erfolgt auf der Grundlage der allgemeinen Wehrpflicht.

§ 2

Das deutsche Friedensheer einschließlich der überführten Truppenpolizeien gliedert sich in 12 Korpskommandos, 36 Divisionen.

§ 3

Die ergänzenden Gesetze über die Regelung der allgemeinen Wehrpflicht sind durch den Reichswehrminister dem Reichsministerium alsbald vorzulegen.

Quelle: Reichsgesetzblatt 1935 I, S. 369-375

Kapitel 14

Der Widerstand organisiert sich

Zu aktivem Widerstand gegen die Hitlerregierung hatte von Anfang an die KPD aufgerufen. Doch die massiven politischen Verfolgungsmaßnahmen, die Versammlungsverbote, die Besetzung des Karl Liebknecht Hauses und die Zerschlagung ihrer Infrastruktur und natürlich die Massenverhaftungen wichtiger Funktionäre auf der Grundlage von schon in der Weimarer Zeit vor allem in Preußen angelegten Listen kommunistischer Funktionäre und Mandatsträger schränkten in der Folgezeit die Möglichkeiten der KPD und ihrer Massenorganisationen zu organisiertem Widerstand deutlich ein. Zwar zeigte das Ergebnis der Reichstagswahlen im März 1933, dass sich die Anhängerzahl der Partei zunächst nur bedingt einschränken ließ, aber die Handlungsfähigkeit der KPD, die im November 1932 einschließlich ihrer Nebenorganisationen über 300.000 Mitglieder hatte, musste komplett umgestellt werden. Denn in der Weimarer Republik war sie insbesondere durch Massendemonstrationen, von der RGO initiierte Streiks, ihre Agitation an den Stempelstellen, bei Protesten gegen den staatlichen Sozialabbau oder in der offenen Auseinandersetzung mit den Nazi-Organisationen präsent gewesen.

Schon damals existierte innerhalb der KPD etwa mit dem Militärapparat eine konspirative Struktur, die als Vorbereitung auf eine Illegalität angesehen werden kann, aber in der Masse mussten die Kommunisten und ihre Anhänger erst einmal lernen, wie unter den neuen Herrschaftsverhältnissen antifaschistisches Handeln möglich werden könnte. Als erster Schritt zu einer politischen Neuorientierung der KPD diente die Funktionärskonferenz vom 7. Februar 1933 im Sporthaus Ziegenhals bei Berlin, die als illegale Tagung des Zentralkomitees mit dem Parteivorsitzenden Ernst Thälmann stattfand. Ausdruck dieser Neuorientierung war der Aufruf zur antifaschistischen Einheitsfront an Sozialdemokraten und Gewerkschafter, der als Flugblätter im ganzen Deutschen Reich verbreitet wurde. *(Dokument 68)* Bis Ende Februar gab es trotz Verbot noch örtlich öffentliche Kundgebungen, oft bei Trauerfeiern für ermordete Arbeiter, die sich als Einheitsaktionen darstellten. Das wurde nach dem Reichstagsbrand komplett unterbunden. Am 3. März 1933 wurde Ernst Thälmann verhaftet. Alle Versuche, nach den Massenverhaftungen erneut zentrale Leitungen zu bilden, führten dazu, dass bis zum Sommer 1933 von 22 Bezirksleitungen bereits 17 verhaftet worden waren. Die noch nicht verhafteten Mitglieder des ZK befanden sich zumeist in Paris im Exil. Unterstützt vom Ausland, aber auch mit rechtzeitig im Inland geschaffenen illegalen Strukturen setzten die Kommunisten insbesondere ihre antifaschistische Propaganda- und Aufklärungsarbeit fort. Sie war anfangs noch geprägt von der Hoffnung, das Regime werde an seinen Widersprüchen scheitern und deshalb nicht von langer Dauer sein. In Tausenden von örtlichen und zentralen Flugschriften wurde die Wahrheit über den Reichstagsbrand verbreitet, die Verfolgungsmaßnahmen angeprangert und die soziale Demagogie der NSDAP entlarvt. Unter welch komplizierten Bedingungen diese illegale Aufklärungsarbeit vor Ort bewältigt werden musste, schildert Maria Deeg am Beispiel der Arbeit der KPD in Gießen-Wieseck. *(Dokument 69)*.

Antifaschistische Aufklärungsarbeit leisteten von Anfang an auch andere antifaschistische Gruppen und Organisationen. Akribisch registrierte die Geheime Staatspolizei das Auftauchen solcher Materialien und hielt fest, worauf sie bei Haussuchungen und Verhaftungen gestoßen war. Die Berichte der Verfolger über solche Flugblätter und illegalen Zeitungen zeugen von der Tapferkeit der Frauen und Männer aus dem antifaschistischen Widerstand.

Anders als die Anhänger der KPD reagierte die Mehrzahl der Mitglieder der SPD ganz im Sinne ihrer Parteiführung abwartend auf die Errichtung der faschistischen Herrschaft. Die Ablehnung eines Generalstreiks und die Orientierung auf die Reichstagswahlen, zu deren Vorbereitung noch am 7. Februar 1993 eine Massenkundgebung im Berliner Lustgarten unter dem Motto »Berlin bleibt rot!« stattfand, war Ausdruck legalistischer Hoffnungen. Die Ablehnung des »Ermächtigungsgesetzes« im Reichstag war ein wichtiges Signal, aber im Mai erteilten die in Deutschland verbliebenen Reichstagsabgeordneten der SPD durch ihre Zustimmung zu einer sogenannten Friedensresolution Hitlers dessen Aufrüstungsstreben ihren Segen. Und wenig später grenzte sich der kurzzeitige Parteivorsitzende Paul Löbe – kurz vor dem Parteiverbot im Juni 1933 – öffentlich von jenen Vorstandsmitgliedern ab, die im Prager Exil unter dem Namen SoPaDe für die illegale Fortführung der Organisation arbeiteten. Mit dem SPD-Verbot waren ebenfalls Massenverhaftungen sowie die Enteignung von Büros und Versammlungsräumen verbunden. Auf konspirative Arbeit war die Organisation bis dahin nicht vorbereitet.

Zu einem wichtigen Impuls für den sozialdemokratisch orientierten Widerstand wurde das vom Exilvorstand im Januar 1934 veröffentlichte »Prager Manifest«. *(Dokument 70)* Es war ein Versuch, wieder Einfluss im sozialdemokratischen Milieu und im sozialdemokratischen Widerstand einzelner Gruppen zu gewinnen, und enthielt nicht nur eine Einschätzung des Weges in den Faschismus, sondern gleichermaßen ein Aktionsprogramm. In deutlicher Abgrenzung zum Kurs des Jahres 1933 hieß es: »Im Kampf gegen die nationalsozialistische Diktatur gibt es kein Kompromiss, ist für Reformismus und Legalität keine Stätte.« Die Wirkung dieses Manifests auf die sozialdemokratische Anhängerschaft war erkennbar. Linke Sozialdemokraten fanden sich in neuen Netzwerken (»Brotfabrik Germania« in Duisburg) und Organisationsstrukturen zusammen (z. B. Roter Sturmtrupp, Revolutionäre Sozialisten Deutschlands, Sozialistische Front etc.) und organisierten Widerstand.

Auch innerhalb der Gewerkschaftsbewegung hatten die anpassungsbereite Haltung der ADGB-Führung und ihre Zustimmung zum 1. Mai als »Tag der nationalen Arbeit« die Mobilisierungsbereitschaft und Handlungsfähigkeit massiv beeinträchtigt. Zwar hatten sich im Februar/März 1933 in den verschiedenen Gewerkschaftshäusern »Hammerschaften« der Eisernen Front oder gewerkschaftliche Aktivisten zum Schutz der Häuser eingefunden, aber die Zerschlagung der Freien Gewerkschaften am 2. Mai und die Gründung der DAF veränderten alle Handlungsbedingungen. Auch fiel durch die Aufhebung der betrieblichen Interessensvertretung ein zentrales Handlungsfeld der Gewerkschaften, der Kampf um höhere Löhne, bessere Arbeitsbedingungen und sozialpolitische Verbesserungen weitestgehend aus. So musste sich gewerkschaftlicher und betrieblicher Widerstand erst einmal neu finden. Vereinzelt kam es auch zu gemeinsamen Aktionen von sozialdemokratischen und kommunistischen Gewerkschaftern. *(Dokument 71)* Am bekanntesten sind die auf betrieblicher Ebene gebildeten Gruppen von Textil- und Metallarbeitern im Wuppertaler Raum, die im Herbst 1934 mehrere 100 Mitglieder zählten. Sie druckten und verteilten Flugblätter, selbst eigene Zeitungen. Im Januar 1935 wurden die Gruppen bei Massenverhaftungen zerschlagen und im »Wuppertaler Gewerkschafter-Prozess« abgeurteilt.

Ehemalige Funktionäre der freien Gewerkschaften bauten mit einer »Illegalen Reichsleitung der deutschen Gewerkschaften« einen losen Kontakt-Zirkel auf, in dem sie Planungen für die Zeit nach dem Ende der NS-Diktatur diskutierten. Sie verfügten dabei über ein verdecktes Informationsnetz mit mehreren 1.000 Personen. Das machte sie zu wichtigen Ansprechpartnern für die ins Ausland geflohenen Kollegen und Kolleginnen. Nicht vergessen werden darf die Rolle der Internationalen Transportarbeitergewerkschaft (ITF) bei Fluchtaktionen verfolgter Antifaschisten ins Ausland und der Hilfe beim Transport illegalen Materials aus dem Exil zur Verbreitung im Deutschen Reich.

Von großer Bedeutung für die Rettung von Menschen, die aus

politischen oder rassistischen Gründen schon in den ersten Monaten im Deutschen Reich verfolgt wurden, war die sogenannte Grenzarbeit. Bei den Akteuren handelte es sich um politische Gegner des NS-Regimes, die insbesondere im Saargebiet und in der Tschechoslowakei Flüchtlingen den illegalen Grenzübertritt ermöglichten und ihnen bei der Ankunft mit Unterkunft, Verpflegung, Papieren und Möglichkeiten der Weiterreise halfen. *(Dokument 72)*

In Sachsen und Schlesien organisierten Mitglieder der Naturfreunde und der »roten Bergsteiger« Fluchtwege über das Riesengebirge. Die auf diese Weise geretteten Menschen wurden auf tschechoslowakischer Seite von antifaschistischen Netzwerken betreut. Im Saargebiet machten sich drei Frankfurter Frauen einen Namen bei solchen Rettungsaktionen. Es waren Marie Juchacz, Sozialdemokratin und Gründerin der Arbeiterwohlfahrt, Lore Wolf, Kommunistin, die nach der Befreiung vom NS-Regime die Frankfurter Betreuungsstelle für NS-Verfolgte leitete und Gründungsmitglied der Vereinigung der Verfolgten des Naziregimes (VVN) war, sowie Johanna Kirchner, ebenfalls Sozialdemokratin, die später von den Nazis verhaftet und als junge Mutter 1944 wegen »Vorbereitung zum Hochverrat« in Plötzensee hingerichtet wurde.

Diese Beispiele machen deutlich: Selbst wenn es dem Regime innerhalb weniger Monate gelungen war, die entscheidenden politischen und gesellschaftlichen Machtpositionen zu besetzen und die »Volksgemeinschaft« auf die Unterstützung ihrer politischen und ideologischen Zielstellungen zu orientieren, gab es Frauen und Männer, die unter Einsatz ihres Lebens, ihrer Gesundheit und ihrer Freiheit sich dem Regime widersetzten. Sie benötigten dafür Netzwerke und Organisationen, die im Land aufgebaut und teils aus dem Exil unterstützt wurden. Sie konnten weder den Weg in den Krieg, noch die Massenvernichtung jüdischer Menschen, Sinti und Roma und vieler nicht zur »Volksgemeinschaft« gezählter Menschen verhindern. Auch war die Zerschlagung der faschistischen Barbarei nach 12 Jahren NS-Regime das Ergebnis des militärischen Vormarsches der Armeen der Anti-Hitler-Koalition. Aber diese Frauen und

Männer, von denen sich viele schon vor 1933 dem Vormarsch der NSDAP und ihrer Machteinsetzung entgegengestellt haben, wurden und werden zurecht als Teil der Anti-Hitler-Koalition angesehen, der zum Kampf gegen Faschismus und Krieg beigetragen hat.

***

Dokument 68

Ernst Thälmann ruft zur antifaschistischen Einheitsfront

Offener Brief an die sozialdemokratischen
und christlichen Arbeiter Deutschlands

An die Kollegen der freien Gewerkschaften und die Reichsbannerkameraden

Klassengenossen! Genossinnen!
Die offene faschistische Diktatur ist über Deutschland aufgerichtet. Der Reichspräsident von Hindenburg, für den ihr auf Geheiß eurer Führer vor einem knappen Jahr mit dem Aufgebot aller eurer Kräfte den Wahlkampf führtet, weil man euch sagte, Hindenburgs Wahl sei ein Schuss vor den Hitler-Faschismus, hat Adolf Hitler, Frick und Göring, Papen, Hugenberg und Seldte die Macht übergeben. Mit Terror und Verfolgung versucht die Bourgeoisie die Arbeiterklasse und ihre Organisationen niederzuwerfen. Faschistische Banditen verüben eine Kette von Meuchelmorden an sozialdemokratischen, parteilosen und kommunistischen Arbeitern.

Immer wieder hat die Kommunistische Partei ihre feste, unverbrüchliche Bereitschaft ausgesprochen, gemeinsam mit allen Arbeitern und jeder Organisation den Kampf gegen den Faschismus zu führen, die ihrerseits zum Kampf bereit sind.

Wie am 20. Juli des vergangenen Jahres, so richtete am 30. Januar dieses Jahres anlässlich der Machtergreifung Hitlers die KPD erneut ihr Angebot zum gemeinsamen Kampf an die Sozialdemokratie, an den ADGB und Afa-Bund, an die christlichen Gewerkschaften. Eure Führer sind auf diese Einheitsfrontvorschläge nicht eingegangen.

Im Namen der hunderttausenden Mitglieder der Kommunistischen Partei, im Namen der mehr als 6 Millionen Arbeiter, Arbeiterinnen und Jungarbeiter, die bei der letzten Reichstagswahl ihr Vertrauen zur Kommunistischen Partei bekundeten, reiche ich euch, den Mitgliedern und Funktionären der SPD, der freien Gewerkschaften und darüber hinaus den Millionenmassen parteiloser Arbeiter, die Bruderhand zum gemeinsamen Kampfbündnis gegen den Faschismus.

Die faschistischen Meuchelmörder, die mit Dolchen, Revolvern und Bomben gegen Arbeiter wüten, machen keinen Unterschied, ob ihr das Mitgliedsbuch der KPD, der SPD oder der christlichen Gewerkschaften in der Tasche tragt. So darf auch im Freiheitskampf aller Antifaschisten die Parteizugehörigkeit kein Hindernis sein, gemeinsam zu marschieren, gemeinsam zu kämpfen.

Am Wahlsonntag oder einige Tage darauf sollen die Garden der SA und SS in das rote Berlin, das kämpferische Herz der deutschen Arbeiterklasse, einmarschieren. Marsch auf Berlin – diese Drohung der faschistischen Terrorformationen ist eine Kriegserklärung nicht nur gegen die Männer und Frauen und die Jugend des roten Berlin, sondern gegen die ganze deutsche Arbeiterklasse, gegen das ganze werktätige Volk!

Im Namen der Kommunistischen Partei Deutschlands rufe ich euch Klassengenossen und -genossinnen, die ihr noch nicht in unserem Lager steht, die ihr aber wie wir den Faschismus hasst und die Freiheit liebt, zur gemeinsamen Abwehr auf.

Wenn wir, die Arbeiter, Arbeiterinnen und Arbeiterjugend, deren Hände alle Werte erschaffen, Schulter an Schulter zusammenstehen, wenn wir gemeinsam kämpfen, sind wir unüberwindlich. Wenn wir gemeinsam kämpfen, werden wir Millionen von armen Bauern auf dem Lande, Millionen von Angestellten, Beamten, Mittelständlern in den Städten mit uns reißen in die gemeinsame Front des antifaschistischen Freiheitskampfes!

Nehmt in euren Organisationen zu diesem Einheitsfrontangebot der Kommunistischen Partei Deutschlands Stellung! Beratet gemeinsam mit euren kommunistischen Klassengenossen die notwendigen Kampfmaßnahmen! Bildet gemeinsam mit uns Kommunisten den Selbstschutz, die Kampffront der Betriebe und Stempelstellen. Schafft gemeinsam mit uns breite Massenorgane der proletarischen Einheitsfront, in denen kameradschaftlich und brüderlich Kommunisten und Sozialdemokraten, christliche Arbeiter und Freidenker, Organisierte und Unorganisierte zusammen arbeiten und gemeinsam den Kampf organisieren!

Es lebe die kämpfende proletarische Einheitsfront!
Es lebe der antifaschistische Freiheitskampf!
Es lebe der gemeinsame Kampf für Arbeitermacht
und Sozialismus!

27. Februar 1933

Quelle: Pikarski, M. / Uebel, G., Der antifaschistische Widerstandskampf der KPD im Spiegel des Flugblattes 1933-1945, Frankfurt/M. 1978, Blatt 12

Dokument 69

Illegale Schreibarbeit für die KPD in Gießen

Von Maria Deeg

Nach 1933 arbeitete ich illegal weiter. Wir bekamen zentrales Material, machten eigene Flugblätter, verkauften unsere Parteipresse und sammelten nach den ersten Verhaftungen Geld und Lebensmittel für die Familien der verhafteten Genossen.

Nachdem unsere illegale Bezirksleitung verhaftet war bzw. flüchten musste, stellten wir eiligst Flugblätter her, um die verhafteten Genossen zu entlasten, denn die Arbeit durfte nun keinesfalls eingestellt werden. Ich schrieb die Flugblätter unter den unmöglichsten Bedingungen. Zu Anfang in der Wohnung eines Genossen, dessen Frau arbeiten ging, aber nichts von den Flugblättern wissen durfte. Zu stark war der Terror der Nazis. Die Schreibmaschine stand auf dem Bett, ich kniete davor. Einmal schrieb ich in einer Gartenhütte in der Nähe des städtischen Schlachthofs. Es war morgens früh im Herbst, eisig kalt, ich schrieb stehend im Geräteschuppen. Der Genosse vor der Tür gab Zeichen, wenn jemand vorbeikam und ich mit dem Tippen aufhören musste. Trotz klammer Finger wurde das Werk vollendet. Ich wollte gehen und lief dem Feldhüter vor der Tür fast in die Arme. Der stutzte, sah erst mich und dann den Genossen im Hintergrund an, dann grinste er verständnisvoll. Ich war über sein ›Verständnis‹ sehr froh.

Eine Zeitlang stand die Schreibmaschine in unserer Wohnung. Meine Mutter lebte noch, wir hatten unser zweites Zimmer vermietet. Der Mieter war ein SA-Mann. Da er wenig besaß, fragte ich ihn, ob ich etwas Wäsche in der untersten Schublade seiner Wäschekommode unterbringen dürfe. Er bejahte – und hinein kam meine Schreibmaschine.

Eines Tages war wieder einmal eine Haussuchung bei uns fällig. Die Gestapo suchte nach Beitragsmarken oder Unterlagen über die Rote Hilfe. Vergeblich, denn es gab keine. Nachdem sie Schlafzimmer und Küche durchsucht hatten, wollten sie in das Zimmer des SA-Mannes. Meine Mutter öffnete die Tür, und mir wurde mulmig. Ich sagte: »Ja, da wohnt doch Herr Adams, der Mann ist SA-Mann und Alter Kämpfer, können Sie denn in seiner Abwesenheit sein Zimmer durchsuchen?« Die beiden guckten sich an und entschieden: »Nein, das geht nicht.« Mein Glück!

Ein anderes Mal saß ich bei einem Genossen in der Wohnung vor der Schreibmaschine, hatte eine Wachsmatrize eingespannt und schrieb an einem Flugblatt. Da klingelte es. Zwei Mann Gestapo – Haussuchung. Der Genosse ging mit den beiden ins Zimmer nebenan. Seine Frau kam zu mir, schnappte die Matrize, steckte sie in eine Milchkanne und hängte sie vors Küchenfenster. Fort konnte ich nicht mehr. Was tun? Die Gestapo durfte mich hier nicht sehen. Die Frau meinte: »Du spülst das Geschirr und schaust Dich nicht um, wenn sie in die Küche kommen.« Nie vorher und auch nicht nachher habe ich so eifrig Geschirr gespült. Die Herren schauten dann auch nur kurz zur Tür herein. Sie erkannten mich nicht, und das war gut so.

Eine Zeitlang stand die Schreibmaschine in einem städtischen Lagerschuppen, wo sie bei Bedarf geholt wurde. Eines Tages wurde sie entdeckt. Ich bekam den Auftrag, eine gebrauchte Maschine zu kaufen. Zuerst mussten wir das Geld dafür sammeln. Der Kauf war gar nicht so einfach, denn in Gießen kannte 1933 jeder jeden. Die Fachgeschäfte hatten Anweisung, darauf zu achten, wer privat größere Mengen Wachsmatrizen und Schreibmaschinenpapier kaufte.

Quelle: Hanna Elling, Frauen im deutschen Widerstand 1933-1945, Frankfurt/M. 1981, S. 84f

Dokument 70

Prager Manifest der SoPaDe

Kampf und Ziel des revolutionären Sozialismus, Januar 1934 (Auszug)

Ein Jahr lang lastet die nationalsozialistische Diktatur über Deutschland, über der Welt. Grundstürzend hat der Sieg der deutschen Gegenrevolution das Wesen und die Aufgaben der deutschen Arbeiterbewegung geändert. Der Knechtschaft und Gesetzlosigkeit preisgegeben ist das Volk im totalen faschistischen Staat. Im revolutionären Kampf die Knechtschaft durch das Recht der Freiheit, die Gesetzlosigkeit durch die Ordnung des Sozialismus zu überwinden, ist die Aufgabe der deutschen Arbeiterbewegung. ...

Wir fragen, wofür muss die Arbeiterklasse unter dem faschistischen System kämpfen, welche Kämpfe sind ihr aufgezwungen?

Der Nationalsozialismus leugnet in seiner Theorie die Klassenkämpfe, seine Praxis verschärft sie auf das Grausamste. Seine Herrschaft bedeutet eine unerhörte Steigerung der sozialen Gegensätze, ... Die Unterdrückung aller Organisationen der Arbeiter und

Angestellten, ihre völlige Entmachtung, überliefert sie der Willkür des Großkapitals, in dessen Interessen die Diktatur die Staatsmacht gestellt hat. … Aus dieser Situation wird mit Notwendigkeit die Forderung nach Wiederherstellung der Koalitionsfreiheit und der Schaffung sozialer Kampforganisationen als Vertreter der Arbeiterinteressen erwachsen. Ihre Koalitionsfreiheit ist nicht möglich ohne ihre Versammlungs-, Vereins- und Pressefreiheit. Aus den unabweisbaren Bedürfnissen der Arbeiterschaft ergibt sich so die Forderung nach politischen Rechten, entspringt der Kampf um ihre demokratische Bewegungsfreiheit. … Jedes demokratische Recht wird aber zur Bedrohung des Fortbestandes der Diktatur. Der Kampf um die Demokratie erweitert sich so zum Kampf um die völlige Niederringung der nationalsozialistischen Staatsmacht. …

Die nationalsozialistische Diktatur hat Deutschland in Barbarei und Bestialität gestoßen, das deutsche Volk mit tiefer Schmach bedeckt. Aber die Hitlerherrschaft ist nicht nur Schande und Gefahr für Deutschland, sie bedeutet die Gewaltdrohung gegen die Freiheit und Zivilisation aller anderen Völker. Die Diktatur hat in Rassenwahn und Großmachtsucht den alldeutschen Nationalismus zur Siedehitze gesteigert. Sie vergiftet die Jugend mit militaristischem Angriffsgeist, sie setzt alle geistigen und materiellen Mittel ein für eine fieberhafte Aufrüstung. Sie propagiert offen ihre Kriegsziele: eine neue Großmachtpolitik soll Neuland für die Siedlung im Osten schaffen, soll alle »deutschstämmigen« Gebiete dem faschistischen Reich einverleiben. Aber Schlimmeres noch als territoriale Einbuße droht den Völkern von der siegreichen Diktatur: am faschistischen deutschen Wesen soll die Welt genesen. …

In diesem Kampfe wird die Sozialdemokratische Partei eine Front aller antifaschistischen Schichten anstreben. Sie wird die Bauern, die Kleingewerbetreibenden, die Kaufleute, die durch die Versprechungen der Nationalsozialisten betrogen sind, sie wird die Intellektuellen, die unter dem gegenwärtigen Regime ein bisher unvorstellbares Maß der Unterdrückung und Entwürdigung erleiden, zum gemeinsamen Kampf mit der Arbeiterklasse aufrufen.

Wir haben den Weg, wir haben das Ziel des Kampfes gezeigt. Die Differenzen in der Arbeiterbewegung werden vom Gegner selbst ausgelöscht. Die Gründe der Spaltung werden nichtig. Der Kampf zum Sturz der Diktatur kann nicht anders als revolutionär geführt werden. Ob Sozialdemokrat, ob Kommunist, ob Anhänger der zahlreichen Splittergruppen, der Feind der Diktatur wird im Kampf durch die Bedingungen des Kampfes selbst der gleiche sozialistische Revolutionär. Die Einigung der Arbeiterklasse wird zum Zwang, den die Geschichte selbst auferlegt.

- Deutsche Arbeiter, ihr habt nur die Ketten eurer Knechtschaft zu verlieren aber die Welt der Freiheit und des Sozialismus zu gewinnen!
- Deutsche Arbeiter, einigt euch im revolutionären Kampf zur Vernichtung der nationalsozialistischen Diktatur!
- Durch Freiheit zum Sozialismus, durch Sozialismus zur Freiheit!
- Es lebe die deutsche revolutionäre Sozialdemokratie, es lebe die Internationale!

Prag, Januar 1934, Der Vorstand der Sozialdemokratischen Partei Deutschlands.

Quelle: Neuer Vorwärts, Prag, 28. Januar 1934

Dokument 71

Gewerkschaftlicher Widerstand im Nationalsozialismus

Von Stefan Heinz

Das Widerstandsnetz, das wahrscheinlich Tausende Gewerkschafter/innen einbezog, diente zunächst vor allem dazu, Auskünfte über die Situation in den Betrieben und die Stimmung der Arbeiter zu sammeln. Man ging davon aus, dass die Nationalsozialisten die Rüstung ankurbeln und sich die Arbeitsbedingungen verschlechtern würden. Die gesammelten Informationen flossen in Druckschriften ein, die im Exil hergestellt wurden. Diese Berichte zeigen, dass Denk- und Verhaltensweisen der Arbeiterschaft im Widerspruch zur

NS-Propaganda einer in sich geschlossen vereinten »Volksgemeinschaft« standen. Andererseits bedeutete Nichtzustimmung keineswegs automatisch widerständiges Handeln, wie manche vielleicht glauben.

Wenn zeitliche Phasen betrachtet werden, wird oft unterschiedliches Verhalten in der gleichen Person entdeckt werden können. Kuriere aus den einzelnen Widerstandsstrukturen leiteten Berichte ins Ausland, von wo das Netzwerk Hilfe vom Internationalen Gewerkschaftsbund (IGB) und dem Exilvorstand der SPD (SoPaDe) erhielt. Gleichzeitig brachten Gewerkschafter/innen im Reich Zeitschriften in Umlauf und leisteten einen Beitrag für eine Gegenöffentlichkeit. Das risikoreiche gewerkschaftspolitische Engagement, das sich in einer Reihe Widerstandsstrukturen offenbarte, die zeitweise von einer »Illegalen Reichsleitung der Gewerkschaften« (IRL), aber auch von einigen Reichsleitungen der ADGB-Einzelgewerkschaften und – zu einem späteren Zeitpunkt – der »Auslandsvertretung der deutschen Gewerkschaften« (ADG) unterstützt wurde, ist in nahezu allen Berufsgruppen erkennbar. Allerdings war unter Metallgewerkschaftern/innen die Auflehnung besonders intensiv.

Der Widerstand aus den Reihen des illegalen Deutschen Metallarbeiterverbandes (DMV) ist verbunden mit den Namen bis heute nur wenig bekannter Gewerkschafter, z. B. dem des Berliner Bevollmächtigten Max Urich, dem des ehemaligen Verbandssekretärs Heinrich Schliestedt, dem des Leipziger DMV-Bezirksleiters Richard Teichgräber, dem des aus Halle stammenden DMV-Bezirksleiters Willy Rößler und dem des Arbeitsrechtler Erich Bührig. Sie beschlossen, Versuche zu unternehmen, die Metallgewerkschafter/innen in einer eher lockeren Struktur zusammenzufassen. Das Ziel bestand darin, ein dichtes Netz von Vertrauensleuten aufzubauen. Informationen, die beschafft wurden, waren Berichte über Lohn- und Arbeitsverhältnisse, Produktionsweise, Arbeitszeit sowie zur Einstellung der Lohnabhängigen zu den NS-Machthabern. Gleichzeitig wurde über die Möglichkeiten eines Wiederaufbaus des DMV und anderer Freier Gewerkschaften beraten. Später wurden Tarnfirmen wie »Goki« für den Vertrieb von Rasierwasser, Seife, Fahrradschlösser und Versicherungen zur Koordinierung der illegalen Tätigkeiten genutzt.

Quelle: L.I.S.A. Wissenschaftsportal Gerda Henkel Stiftung, https://lisa.gerda-henkel-stiftung.de/gewerkschaften_widerstand

Dokument 72

Fluchtpunkt Saargebiet

Das Saargebiet befand sich in den Jahren 1933-35 in einer besonderen Situation, da es seit dem Inkrafttreten des Versailler Vertrages unter der Regierung des Völkerbundes stand. Zahlreiche frühe Opfer des Nationalsozialismus nutzten es als ersten Fluchtpunkt, als Zwischenstation zur Emigration, sowie als Ort zur Vernetzung mit Gleichgesinnten.

Das Saargebiet wurde somit schnell zum Treffpunkt für vorläufig aus der Schutzhaft entlassene oder von dort geflohenen Personen. Allein für das eher nahe gelegene KZ Osthofen im heutigen Rheinland-Pfalz als zentrales Konzentrationslager des Volksstaates Hessen können hier 35 Namen belegt werden, darunter die geflohenen Häftlinge Max Tschornicki (jüdischer Rechtsanwalt) und Willy Vogel (KPD-Funktionär).

Reichsweit bekannte Persönlichkeiten wie Marie Juchacz (Sozialdemokratin, Frauenrechtlerin, Gründerin der Arbeiterwohlfahrt), die als erste Frau eine Rede in der Weimarer Nationalversammlung hielt, Lore Wolf (SAJ, KPD, Naturfreunde, Rote Hilfe) aus dem Frankfurter Raum oder auch Johanna Kirchner (SPD, Widerstandskämpferin, 1944 in Plötzensee hingerichtet), machten im Saargebiet Station und arbeiteten dort im Untergrund teilweise trotz verschiedener Parteizugehörigkeiten und Sozialisation eng zusammen.

Johanna Kirchner arbeitete z. B. in einem von Marie Juchacz, betriebenen Restaurant und versuchte im »Hilfskomitee für verfolgte

Antifaschisten« Emigrant*innen zu helfen. Sie hatte die Hoffnung, dass sich nach dem NS-Regime eine »neue sozialistische Arbeiterbewegung«, die durch den Kampf gegen den Faschismus klüger und politisch reifer geworden sei, durchsetzen kann. Diesem Kampf galt ihre illegale politische Widerstandsarbeit. 1935 floh sie weiter nach Paris, unterstütze dort den Widerstand und organisierte Fluchtwege. Von hier aus schrieb sie Berichte an den Exilvorstand der SPD.

Der aus Berlin geflohene damalige KPD-Instrukteur Herbert Wehner traf im Saargebiet auf KJVD-Instrukteur Erich Honecker und arbeitete mit ihm zusammen. Saarbrücken diente somit nicht nur als Rückzugsort, sondern wurde kurzzeitig auch zu einem inoffiziellen Kommunikationszentrum mit reichsweiter Bedeutung.

Mit der Saarabstimmung und dem Anschluss des Saargebietes an das Deutsche Reich fand diese Phase 1935 ein jähes Ende, neue Fluchtbewegungen in Richtung Frankreich und Belgien waren die Folge.

Quelle: Aus dem Projektmaterial des Adolf Bender Zentrum, St. Wendel zu »Fluchtpunkt Saargebiet« – Lebenswege verfolgter Menschen

Kurze Chronik

Der Weg zur Macht und deren Festigung (1932-1934)

1932

26.01. Rede Adolf Hitlers vor dem Düsseldorfer Industrie-Club.

15.02. Reichspräsident Paul von Hindenburg kandidiert erneut bei den Reichspräsidentenwahlen im März.

22.02. Die NSDAP kündigt die Kandidatur Hitlers für die Reichspräsidentenwahl an.

25.02. Die Regierung von Braunschweig ernennt Adolf Hitler zum Regierungsrat und damit zum Beamten. Dadurch bekommt Hitler die deutsche Staatsbürgerschaft, so dass er bei der Reichspräsidentenwahl antreten kann.

27.02. Die SPD ruft zur Wahl Hindenburgs auf.

10.04. Reichspräsidentenwahl (zweiter Wahlgang); Paul von Hindenburg (53 %) gewinnt gegen Adolf Hitler (36,8 %) und Ernst Thälmann (10,2 %).

24.04. Landtagswahlen in Preußen, Bayern, Württemberg und Anhalt sowie Wahlen zur Hamburger Bürgerschaft. Die NSDAP erzielt deutliche Stimmengewinne. Regierung in Preußen unter Otto Braun (SPD) verliert parlamentarische Mehrheit, bleibt aber geschäftsführend im Amt.

01.06. Reichspräsident von Hindenburg ernennt Franz von Papen zum Reichskanzler. Papen bildet »Kabinett der Barone«, das keine parlamentarische Mehrheit hat. Sieben von elf Minister sind deutschnationale Adlige. Kurt von Schleicher wird Reichswehrminister.

04.06. Das Kabinett Papen wird nur von der DNVP unterstützt, die NSDAP sagt die Tolerierung nach Rücknahme des SA- und SS-Verbots zu (Verbot wird am 17.6. aufgehoben).

17.07. SA provoziert Straßenkämpfe. Höhepunkt der bürgerkriegsähnlichen Kämpfe bildet der »Altonaer Blutsonntag« in Hamburg mit 18 Toten.

20.07. »Preußenschlag«: Die geschäftsführende preußische Regierung wird abgesetzt, von Papen wird von Hindenburg per Notverordnung zum »Reichskommissar für Preußen« ernannt.

31.07. Wahlen zum 6. Deutschen Reichstag. Große Gewinne für die NSDAP (37,3 %). SPD erreicht 21,6 %. Gewinne für KPD (14,3 %) und »Zentrum« (12,4 %).

13.08. Hitler fordert das Amt des Reichskanzlers. Das wird von Hindenburg noch abgelehnt.

30.08. Hermann Göring (NSDAP) wird zum Präsidenten des Reichstags gewählt.

12.09. Da Papen keine ausreichende parlamentarische Unterstützung findet, erneute Auflösung des Reichstags durch Reichspräsident Hindenburg.

25.10. Der Staatsgerichtshof erklärt die Absetzung der preußischen Regierung im Juli 1932 für unrechtmäßig, dies bleibt aber ohne jede politische Konsequenzen.

06.11. Wahlen zum 7. Deutschen Reichstag, erhebliche Verluste für NSDAP (33,1 %), geringe Verluste für Zentrum (11,9 %) und SPD (20,4 %). Gewinne für KPD (16,9 %).

07.11. Hindenburg ordnet per Notverordnung »politischen Burgfrieden« an. Alle politischen Kundgebungen sind untersagt.

17.11. Kabinett von Papen tritt zurück, bleibt aber geschäftsführend im Amt.

19.11. »Industriellen-Eingabe« von Vertretern aus Industrie, Banken und Großgrundbesitz an Hindenburg, Hitler zum Reichskanzler zu ernennen.

22.11. Hindenburg bietet Hitler die »Bildung eines parlamentarischen Mehrheitskabinetts« an.

23.11. Hitler fordert die vorbehaltlose Übertragung der Regierungsgewalt.

24.11. Hindenburg lehnt Hitlers Forderung ab.

03.12. Kurt von Schleicher wird zum Reichskanzler ernannt. Auch dieses Kabinett hat keine Parlamentsmehrheit.

20.12. »Gesetz über Straffreiheit« (Amnestie für NS-Täter).

1933

04.01. Treffen Hitlers mit von Papen bei Bankier von Schröder in Köln; Vorbereitungen zur Ernennung Hitlers zum Reichskanzler.

22.01. Massenaufmarsch der SA; Karl-Liebknecht-Haus der KPD wird von der Polizei besetzt und durchsucht.

25.01. Massendemonstration der KPD vor dem Karl-Liebknecht-Haus

28.01. Reichskanzler Schleicher tritt zurück.

30.01. Hindenburg ernennt Hitler zum Reichskanzler. Aus Anlass der Machtübertragung marschieren in Berlin etwa 15.000 Mitglieder von SA, SS, und »Stahlhelm« bei einem Fackelzug durch das Brandenburger Tor. KPD schlägt SPD und ADGB einen gemeinsamen Aufruf zum Generalstreik vor, wird von diesen abgelehnt.

31.01. Per Verordnung wird von Papen Reichskommissar für Preußen. Göring übernimmt das Preußische Innenministerium.

01.02. Reichstag wird aufgelöst. Verbot kommunistischer Demonstrationen unter freiem Himmel.

03.02. Rede Hitlers vor der Reichswehrführung.

04.02. »Verordnung des Reichspräsidenten zum Schutz des deutschen Volkes« mit weitgehender Einschränkung der Presse- und Versammlungsfreiheit. Verordnung des Reichskommissars zur Auflösung der kommunalen Parlamente in Preußen, Festsetzung von Neuwahlen für den 5. März.

10.02. Gründung »Kampffront Schwarz-Weiß-Rot« als Zusammenschluss von DNVP, »Stahlhelm« und »Landbund« zur Reichstagswahl und Unterstützung des Kabinetts Hitler.

17.02. Görings »Runderlass über die »Förderung der nationalen Bewegung« (»Schießerlass«), in dem die Polizei bei Straffreiheit zum Schusswaffengebrauch angewiesen wird. Karl-Liebknecht-Haus der KPD wird erneut von der Politischen Polizei durchsucht und besetzt.

18.02. Anweisung des »Höheren Polizeiführers West« an alle Polizeiverwaltungen zur Vorlage von Listen kommunistischer und gewerkschaftlicher Funktionäre bis zum 26.02.1933 (Aktualisierung der Verhaftungslisten).

20.02. Geheimtreffen Hitlers mit 25 führenden Industriellen und Bankiers. Diese sagen der NSDAP 3 Millionen RM für den laufenden Wahlkampf zu.

22.02. Görings »Erlass über Einberufung und Verwendung von Hilfspolizei«: SA, SS und »Stahlhelm« erhalten Polizeifunktionen.

27.02. – Reichstagsbrand in Berlin.
- Noch während des Brandes verkünden Göring und Hitler, der Holländer van der Lubbe habe im Auftrag der Kommunisten den Brand gelegt.
- Beginn von Massenverhaftungen basierend auf den seit November 1932 aktualisierten Verhaftungslisten. Verbot der Presse von KPD und SPD für 14 Tage.

28.02. »Verordnung zum Schutze von Volk und Staat« (»Reichstagsbrandverordnung«).

03.03. Einrichtung des ersten »Konzentrationslagers« in Nohra (Thüringen) auf Anweisung des thüringischen NSDAP-Innenministers Fritz Sauckel.

05.03. Wahl des 8. Deutschen Reichstags. Knappe Mehrheit von 51,9 % für die »Nationalen«: NSDAP 43,9 %, »Kampffront Schwarz-Weiß-Rot« (DNVP, »Stahlhelm«, »Landbund«) 8 %. SPD erhält 18,3 %, KPD 12,3 %, Zentrum 11,3 %.

08.03. – SA beschlagnahmt das Karl-Liebknecht-Haus der KPD, das in »Horst-Wessel-Haus« umbenannt wird. Annullierung der 81 Reichstagsmandate der KPD aufgrund der »Reichstagsbrand-Verordnung« vom 28.02.1933.
- Verbot von »Reichsbanner Schwarz-Rot-Gold« und »Eiserner Front«.

13.03. »Erlass über die Errichtung des »Reichsministeriums für Volksaufklärung und Propaganda«; Joseph Goebbels wird Reichsminister.

21.03. – »Tag von Potsdam« (Staatsfeiertag) mit Eröffnung des Reichstags.
- Einrichtung der Konzentrationslager Dachau und Sachsenhausen.

23.03. – »Gesetz zur Behebung der Not von Volk und Reich« (»Ermächtigungsgesetz«).
- Annahme des Gesetzes mit 444 Stimmen gegen 94 Stimmen von SPD-Abgeordneten.

28.03. – »Reichsgesetz über Verhängung und Vollzug der Todesstrafe« (»Lex van der Lubbe«). Beschluss des Reichstags (mit den Stim-

men von SPD und bürgerlichen Parteien), dass die Notverordnung vom 28.02.1933 auch rückwirkend anzuwenden sei.
– Anordnung der NSDAP-Parteileitung über die Durchführung antisemitischer Aktionen.

31.03. »Vorläufiges Gesetz zur Gleichschaltung der Länder mit dem Reich« (Erstes »Gleichschaltungsgesetz«), damit Auflösung der Länderparlamente (außer Preußen).

01.04. Boykottaktion gegen Juden.

04.04. »Gesetz über Betriebsvertretungen und über wirtschaftliche Vereinigungen«.

07.04. – »Zweites Gesetz zur Gleichschaltung der Länder mit dem Reich«.
– »Gesetz zur Wiederherstellung des Berufsbeamtentums« mit »Arierparagraph«.

11.04. Ernennung Görings zum Preußischen Ministerpräsidenten.

26.04. – Mit dem »1. Gestapo Gesetz« offizielle Gründung des »Geheimen Staatspolizeiamtes« (Gestapa) für das Land Preußen durch Göring,
– »Stahlhelm« wird Hitler unterstellt, später Eingliederung in die SA.

01.05. »Tag der nationalen Arbeit« mit Kundgebung auf dem Tempelhofer Feld in Berlin. Goebbels, Hindenburg und Hitler sprechen.

02.05. Zerschlagung der freien Gewerkschaften, Besetzung der Gewerkschaftshäuser, Verhaftung der Funktionäre, Beschlagnahme des Vermögens.

10.05. – Bücherverbrennungen in den Universitätsstädten.
– Gründung der »Deutschen Arbeitsfront« (anstelle der Gewerkschaften).

17.05. NSDAP, DNVP, BVP und SPD billigen im Reichstag einstimmig Hitlers Regierungserklärung (sogenannte »Friedensrede«).

19.05. Gesetz über »Treuhänder der Arbeit«, die Tarifverträge und Arbeitsbedingungen regeln sollen.

26.05. Gesetz über die Einziehung kommunistischen Vermögens.

16.06. Runderlass Görings betr. Schutzhaft und staatliche Konzentrationslager.

17.06. Alle Jugendverbände werden dem neu ernannten Reichsjugendführer Baldur von Schirach unterstellt.

22.06. Verbot der SPD, Aufhebung sämtlicher SPD-Mandate, Beschlagnahme des Parteivermögens, Verhaftung der Funktionäre, Berufsverbot für SPD-Mitglieder.

27.06. Beginn der Selbstauflösung der bürgerlichen Parteien.

11.07. Runderlass von Rudolf Diels über das Anlegen von »Judenkarteien« in Preußen mit der Bitte um Übernahme des Erlasses durch die anderen Länder.

14.07. – »Gesetz gegen die Neubildung der Parteien«,
– »Gesetz über den Widerruf von Einbürgerungen und die Aberkennung der deutschen Staatsangehörigkeit«
– »Gesetz zur Verhütung erbkranken Nachwuchses«.

20.07. Vizekanzler von Papen schließt »Reichskonkordat« mit dem Vatikan, vertreten durch Kardinal Pacelli (1939-58 Papst Pius XII.).

13.09. Einrichtung des »Reichsnährstands«, Landwirtschaft wird der staatlichen Kontrolle unterstellt.

22.09. »Reichskulturkammergesetz«.

04.10. Schriftleitergesetz, Gleichschaltung der Presse.

14.10. Austritt Deutschlands aus dem Völkerbund.

11.11. »Bekenntnis der Professoren an den deutschen Universitäten und Hochschulen zu Adolf Hitler und dem nationalsozialistischen Staat«.

12.11. Reichstagswahlen und Volksabstimmung über den Austritt aus dem Völkerbund, 92 % für die Einheitsliste der NSDAP und 95 % für den Austritt aus dem Völkerbund.

01.12. »Gesetz zur Sicherung der Einheit von Partei und Staat« (staatliche Behörden müssen NSDAP und SA Amts- und Rechtshilfe leisten; Schaffung einer Parteigerichtsbarkeit; NSDAP Trägerin des Staatsgedankens und mit dem Staat unlösbar verbunden).

23.12. Urteilsverkündung im Reichstagsbrandprozess: Todesstrafe für Marinus van der Lubbe »wegen Hochverrats in Tateinheit mit aufrührerischer Brandstiftung«. Freispruch für Ernst Torgler und die Bulgaren Dimitroff, Popoff und Taneff.

1934

20.01. »Gesetz zur Ordnung der nationalen Arbeit«.

30.01. Gesetz über den »Neubau des Reiches« (Aufhebung der Länderhoheit).

Verzeichnis der Dokumente

2. Kapitel

3. Kapitel

7. Kapitel

8. Kapitel

9. Kapitel

10. Kapitel

11. Kapitel

12. Kapitel

13. Kapitel

Abkürzungsverzeichnis

ADG	Auslandsvertretung deutscher Gewerkschaften
ADGB	Allgemeiner Deutscher Gewerkschaftsbund
AfA-Bund	Allgemeiner freier Angestelltenbund
BVP	Bayerische Volkspartei
ČSR	Tschechoslowakei (Československá republika)
CSVD	Christlich-Sozialer Volksdienst
DAF	Deutsche Arbeitsfront
DBP	Deutsche Bauernpartei
DDP	Deutsche Demokratische Partei
DMV	Deutscher Metallarbeiterverband
DSt	Deutsche Studentenschaft
DStP	Deutsche Staatspartei
DVP	Deutsche Volkspartei
DNVP	Deutschnationale Volkspartei
FAD	Freiwilliger Arbeitsdienst
HJ	Hitlerjugend
IRL	Illegale Reichsleitung (der Gewerkschaften)
ISK	Internationaler Sozialistischer Kampfbund
KJVD	Kommunistischer Jugendverband Deutschlands
KPD	Kommunistische Partei Deutschlands
NSBO	Nationalsozialistische Betriebszellenorganisation
NSDAP	Nationalsozialistische Deutsche Arbeiterpartei
NSDStB	Nationalsozialistischer Deutscher Studentenbund
RAD	Reichsarbeitsdienst
RFB	Roter Frontkämpferbund
RDI	Reichsverband der Deutschen Industrie
RGO	Revolutionäre Gewerkschaftsopposition (der KPD)

SA	Sturmabteilung (der NSDAP)
SAJ	Sozialistische Arbeiterjugend (mit der SPD verbundener Jugendverband)
SAP	Sozialistische Arbeiterpartei
SJV	Sozialistische Jugend-Verband Deutschlands (Jugendverband der SAP)
SoPaDe	Vorstand der SPD im Exil
SPD	Sozialdemokratische Partei Deutschland
SS	Schutzstaffel (der NSDAP)
ZK	Zentralkomitee (der KPD)

Vertiefende Literatur

Die Antifaschistische Aktion. Dokumentation und Chronik Mai 1932 bis Januar 1933, Hg. v. Heinz Karl und Erika Kücklich, Dietz Verlag, Berlin/DDR 1965

Autorenkollektiv (Hg.): Geschichte der deutschen Arbeiterbewegung, Bd. 4, 1924 bis Januar 1933. Dietz Verlag, Berlin/DDR 1966

Autorenkollektiv (Hg.): Geschichte der deutschen Arbeiterbewegung, Bd. 5, Januar 1933 bis Mai 1945. Dietz Verlag, Berlin/DDR 1966

Alexander Bahar / Wilfried Kugel: Der Reichstagsbrand. Geschichte einer Provokation. PapyRossa Verlag, Köln 2013

Benz, Wolfgang: Geschichte des Dritten Reiches. Deutscher Taschenbuchverlag, München 1997

Bock, Helmut (Hg.): Sturz ins Dritte Reich – Historische Miniaturen und Porträts 1933-35. Urania Verlag, Berlin/DDR 1985

Braunbuch über Reichstagsbrand und Hitlerterror (Original: Basel 1933). Reprint: Röderberg-Verlag, Frankfurt/M. 1973

Brüdigam, Heinz: Faschismus an der Macht. Berichte, Bilder, Dokumente über das Jahr 1933. Röderberg-Verlag, Frankfurt/M. 1982

Carlebach, Emil: »Hitler war kein Betriebsunfall«. Neue Impulse Verlag, Essen 2020

Czichon, Eberhard: Wer verhalf Hitler zur Macht? Der Anteil der deutschen Industrie an der Zerstörung der Weimarer Republik, Pahl-Rugenstein Verlag, Köln 1972

Dokumente des Verbrechens. Aus Akten des Dritten Reiches, 1933-1945. Hg. v. Helma Kaden und Ludwig Nestler, 3 Bde. Dietz Verlag, Berlin 1993

Evans, Richard J.: Das Dritte Reich, Bd. 1: Aufstieg. Deutsche Verlagsanstalt, München 2004